JN438324

길꽃 남자

The man, like a flower, on a path **Yu Yun i**

길꽃 남자

유윤이 시집

예수

나라가
잘
되어야 한다

도서출판 천우

시인의 말

또 봄이 왔듯이 또 가을이 가고 겨울이 온다.

시는 한 편씩 쌓여간다. 새봄 싱싱한 나뭇잎처럼 말이다.

벌써 2년쯤 된 것 같다. 다시 시를 묶는다. 『길꽃 남자』로!

인생 살면서 기쁘고 슬픈 일, 추억과 사랑, 상념들을 담았다. 특별히 이번엔 창조자 하나님 예수에 대해 썼다. 오래 전부터 시를 쓸 때마다 내 속에서 '너는 세상 얘기는 잘 쓰면서 왜 내 얘기는 안 하느냐?' 질문해 왔기 때문에 순종으로 믿음 분량만큼 힘껏 썼다. 읽는 분들에게 쉽게 잘 전달되길 바란다.

또 살면서 항상 내 나라가 무엇보다 잘 되어야 한다는 절박한 생각이다. 지금도 일본 아베 총리 등장 후 독도뿐 아니라 더욱 도전적인 발언을 듣는다. 힘 있는 〈내 나라 강국〉 중요성이 절박해서 썼다. 청소년들에게 역사 교과서가 없다니 아찔하다. 청소년들이 〈내 나라 중요성!〉을 모르면 분노도, 의지도, 도전정신도 없어진다. 그래서 썼다. 또 다시 식민지, 전쟁, 가난은 없어야 한다!

아무쪼록 독자들에게 좋은 영향을 끼쳤으면 한다.

이제 또 겨울이 가고 봄이 오리. 어느 날 또 만나리라 생각한다.

2014년 1월 유윤이

윤이

차 례

제3부 나라가 잘 되어야 한다

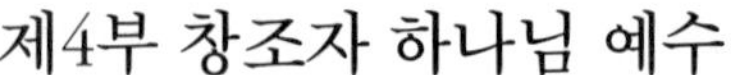

제4부 창조자 하나님 예수

제5부 신의 손

제6부 산다는 것은

제1부

생각이 머무는 곳

흰 종이는 말한다

흰 종이는 네게
펜을 들라고 한다

흰 종이는 네게
쓰라고 한다
말하라고 한다
생각하라고 한다
꿈꾸라고 한다

누구든 아무것도 내 인생 흰 백지에
나를 쓰지 않고 말하지 않고 생각하지 않고
꿈을 꿀 수 없기 때문이라고
한다

그래서 흰 종이는 누구에게든
가까이 얼마든지 곁에 있다고
한다

사람 속엔

사람 속엔
진실한 모습이 있다
바람이 불면 눈을 감고
꽃이 닿으면 마음을 연다 그렇듯
입을 열면 좋은 말을 주어 부드러운 감정이
내 마음에 건너와 젖는다
바람끼리도 꽃이 되어 주고
향기가 되어 주고 서로 마음이 움직인다
어제보다 그대는 내게 더 좋은 그대가
되어 있다 꽃처럼 사람 속엔 서로에게
아름다움이 있다
진실한 모습이 있다

사랑은

사랑은
나뭇잎 하나 흔들림처럼
반짝이고
반짝이고
한다

사랑은 그렇게
나뭇잎 하나의 흔들림처럼
반짝일 때마다
안 반짝일 때마다
사랑은 그대 가슴에
젖어
곱게
꽃이 된다

시간은

시간이 오늘도 왔다
다정히 내게
나는 반가운 시간을 붙잡고
함께 푹 잤다
나는 단지 잤지만
시간은 자는 것이 아니라
시간은 일을 하고 있었다
아침 6시가 되어 있었다
시간은 자지 않았다

시간은 자지 않으면서
봄을 만나고 봄 속에서 여름을 데려오고
낙엽을 만들면서 하얀 눈발을 날린다
그렇게 시간은

오늘 밤도
자지 않을 것이다
자지 않을 것이다

존재의 의미

바다 안에 강물이 있다
강뮬 안에 시내가 있다
산에 나무가 산다
나무엔 꽃이 있고 열매가 있다
구름엔 비가 있고 바람이 있다
어머니 안에 내가 있고 자식이 있다
기업이 있어 사원이 있고 밥이 있다
작은 꽃도 태양과 비 없이 혼자 피지 못한다
그것이 만물 신의 섭리인 것을
그대는 혼자서 될 수 없다
그대는 또 다른 그대에게
협력해야 한다
감사해야 한다
그러므로 내가 존재한다

그늘은 움직이는 것

나뭇잎이 크면 클수록 그늘이 크게 퍼진다
사람이 많을수록 그늘이 생겨난다
보이는 사람 보이지 않는 사람
기쁨이 있고 슬픔이 있다
작은 물고기는 큰 물고기의 그늘이 있다
멋진 산수화에도 정지된 그늘이 있고
커다란 구름 밑에도 그늘진 작은 구름이 있다
세상에 그늘이 없는 곳이 어디 있으랴
그러나 그늘은 움직이는 것
큰 물고기도 가고 구름도 가고
나도 움직인다

그림자

내겐 그림자가 있는데 날 따라다닌다
쉴 새 없이 밖에서 내 모습을 알고 그대로
내가 되어 서 있는 내 그림자 나보다 먼저
그림자는 밖에서 날 기다린다
그래서 밖 그림자는 나를 가장 잘 안다
속일 수가 없다 날 따라다녔으니 말이다
그러나 집 안에 들어오면 그림자는 속으로 들어가
양심으로 변한다 양심 그림자가 꿈틀거린다
양심이 오늘의 내 선과 악을 말해주고 기쁨과 슬픔을 말해준다
내 입에 말과 행동을 말해준다 속일 수 없는 내 그림자다
그림자는 내 증인 블랙박스다 그리고 날 평가한다
그림자는 내 인증서가 되어 내 죽음에 인계하고
심판문으로 보낸다
마지막 내 인증서의 양심은 웃을 수 있을까?

단풍의 만족

가을날 저녁 빨갛게 물든
단풍 하나가 나무에서 뚝 떨어져
물 위에 섰다

빨간 단풍은 생각한다
나는 왜 좁은 나무에서 살았을까
이렇게 넓은 물에서 살 걸 후회했다

그새 또 다른 노란 단풍이
떨어져 빨간 단풍이 크게 밀려났다
송사리가 또 쳐서 밀려났다 또
개구리가 깨물어서 상처를 입었다
생각해보니 나무에서도 그렇게
나뭇잎끼리 붙어서 싸우고
바람 눈 비에 시달리며 살았는데
물에 살아도 힘들다는 걸 알았다
땅에 살면 또 사람에게 짓밟힐 것이다

단풍은 또 생각한다
나무에 있으나 물에 있으나 땅에 있으나
살기 힘들긴 마찬가지라는 걸 알았다
어느 곳에 있든지 있는 곳에서 만족하며
힘껏 살면 된다는
걸 깨달았다

노동

어둔 밤 하늘에 뜬 수많은
별들이
밝은 낮 땅에 뜬 수많은 사람들에게
소리친다

나는 밤새 눈 뜬 채
반짝이는 노동으로
힘들어 죽겠다!

노동은
누구에게나 있다
그래서 우주 만물은 평안히 돌아간다
물도 흘러가며 노동한다

유리창의 이중성

유리창은 투명하다
해가 뜨면 밖이 다 보인다
어느 지붕은 높고 어느 지붕은 낮다
사람 둘이 지나고 자전거가 달린다

유리의 투명함이 묘하다 물과 비슷하다
또 둘 다 검은색만 들어가면 보이지 않는다

그래서 해가 지고 검은 밤이 오면
유리창 밖은 보이지 않는다 반대로
유리창엔 안에서 나를 보여주고 있다
내 모습 꼴을 보여준다

유리창의 낮과 밤이 다른 이중성
바깥도 보여주고 안도 보여준다
진심으로 나는 누구인가?
진심으로 나 누구 편인가?
사람은 유리창처럼 살아간다

월요일

월요일 아침은 한 주일을 시작하는 첫날이다
아침 출근은 무거운 짐이나 진양
마음도 무겁고 다리도 몸도
뻑뻑하고 힘들다 두렵다
그러나 그 짐은 무겁지만 정오가 되고
오후 3시경이 되면 훨씬 가벼워진다
다 감당했기 때문이다
마무리를 잘 할 수 있기 때문이다
알고 보면 월요일은 자신감을 주는 날
내 자신감을 주고 능력을 키우고
가능성을 확인시켜 주는 날
두 배로 기쁨을 주는 날
내일이 두렵지 않은 날
내 희망과 성공을 쏘며
내공을 쌓아가는 날이다

개미가 아무리
작아도 내 짐을 나르면서도
사람 거인을 두려워하지 않는 것처럼 말이다

수첩

조그마한 수첩은 없으면
허전한 것처럼 갖고 다닌다
올해는 무엇들이 적힐까
간절한 소망 절규
좋은 일 슬픈 일
나쁜 일도 있다
수첩은 주인 기분따라 움직인다
12월이 되면
수첩은 주인의 깨알 기록들로 어지럽다
비밀들로 머리가 아프다 여전히 게으르고
후회 잘못으로 가슴이 괴롭다
올해도 달라지지 않은 주인
그래서 주인보다 수첩은 더 먼저
버려지길 바란다
사람처럼 직업을 한탄한다

오늘도 꽃꽂이

사람은 누구나 가슴에 꽃꽂이를 한다
오늘 하루 몇 송이나 내 가슴에 꽂힐 수 있을까
집에서 일터에서 길에서
꽃이 되지 못하기도 하고 꽃이 되어
가슴에 곱게 꽂히기도 한다
걱정하는 이에게
잘할 거야 힘내세요 그 한마디에
얼굴이 환해진 그녀를 통해
내 마음에 환한 꽃으로 꽂힌다

이런 일 저런 일
어느 것은 꽃꽂이가 되어 남고
어느 것은 상처가 되어
아프게 잘라 버린다

사람은 매일 누구든 만난다
만남에서 서로 행위로 말로
서로의 가슴에 환한 꽃이 될 수가 있다
그 꽃은 서로에게 좋은 기억 추억 꽃이 되어
웃는다 즐거운 생활 속에
오늘도 가슴에 꽃꽂이가 되어

향기롭다

제2부

아름다운 서정

꽃

꽃은 부르지 않는다
아무도
자기 이름을 말하지 않는다
아무에게도
누구나 그의 얼굴을 알기 때문이다

가끔 꽃은
비에 젖어 쓰러지고
찬바람에 지친다
꽃에도 아픔이 있다 그러나
꽃은 그 이름 하나로 스스로 일어나고
스스로 만들어 간다
꽃이 된다

두 별

잘 가셨습니까 그곳에도
이 더운 여름 땀이 있습니까
싸늘한 가을 끝 낙엽이 있습니까
저렇게 달이 뜨고 반짝이며 쏘는 별이 있습니까
여기 초롱한 별은 1년 내내 있습니다
산 자에게도 죽은 자에게도 별은 별은
당신 별 내 별 정해놓은 그대로 살아 있습니다
이 겨울에도 당신 별을 쳐다보며
살아 있는 나는 내 별을 끌어다 붙여 놓습니다
당신 별 내 별을 잘 정해 놓았습니다
내 갈 때 두 별을 갖고 당신에게 가겠습니다
잘 계십시오 그 동안도

혼자다

몸이 아프다 풀잎이 강하게 휘어짐같이
몸살 감기가 쓰러진 채 일어나지 못한다
얼굴까지 쑤시고 살이 아프다
풀잎이 말하고 싶어도
옆에 아무도 없다 혼자다
쓰러진 채 누구 하나 기댈 데 없고
아이야 아이야
신음만 맴돈다 혼자 높이 나는 새야
넌 아프지 않니 외롭지 않니?
오늘 밤엔 별도 없고 달도 없구나
강하게 휘어진 풀잎이 쓰러진 채
아픈 눈물 한 방울 떨구운다
외로운 눈물 한 방울 또 떨구운다

미안한 사랑

아무도 없는 텅 빈 거리에
아무도 없는 텅 빈 집에 아직도
혼자 여린 꽃으로 쓸쓸히 살아갑니다
내 차가움으로
당신과 말도 실컷 못했습니다
당신과 실컷 즐거움도 나누지 못했습니다
그래도 아직 당신을 보내지 않는 것은
당신 몸짓이 때때로 장미 울타리처럼 피어나고
힘찬 빗줄기처럼 살아옵니다
이제야 당신이 사랑인 줄 알았습니다
떠난 당신을
떠난 당신과
이제야 별을 보듯 실컷 말을 하고
이제야 꽃을 보듯 실컷 즐거워합니다
미안합니다 당신
미안합니다 사랑이여

그대 노래는

그대 노래는
내 입술에서 부르는 것 같아요
내 가슴에서 부르는 것 같아요
내 인생의 말처럼 노래 부르네요
언제 그렇게 내 인생을 엿보셨나요

그대 노래는
바다에 뿌린 우유처럼 부드럽고 따듯해서
내 슬프고 아픈 상처에 치료음이 되었어요
넘어지고 약해질 땐 따듯한 메시지가 되었어요
혼자 외로이 바람 부는 좁은 길을 걸을 땐
다정한 친구처럼 발맞춰 걸었어요
언제나 내 맘의 사랑 같았어요

백일홍

쓸쓸한 시골 역전 길에
피어난 진홍빛 키 큰 백일홍 두어 송이
누가 봐주지 않아도
누가 기다려 주지 않아도
가을 역전 길에서 피어 긴 몸 흔드는구나
길 가던 내가 너를 보고
발을 멈추어
알듯

쓸쓸한 나도 키 큰 백일홍처럼 피어서
긴 몸을 흔들어 알리리
누가 봐주지 않아도
누가 기다려주지 않아도
누군가 나를 보고 가던 길을 멈추어
나를
알아주는 꽃이 되리
백일홍이 되리

나무

나무는
가는 가지가 많아 아프다
바람도 태양도 그를 이기지 못한다
그 아픔으로 꽃을 피우고 열매를 갖는다
나뭇잎은 언제나 초록빛으로 자존심을 지킨다
늘 사람에 시달리면서 사람을 만나주고 어느 날
그의 시련의 끝 젖줄을 버리는 겨울을 준비한다
젖줄은 그렇게 가을 나무들 빨간빛 축제를 하고
하얀 겨울 뿌리엔 또 다시 봄날의 초록빛을 숙성시킨다
나무의 아픔은 그렇게 자라 다시 꽃이 되고 열매가 된다
때문에 나무는 위대하며
대지의 큰 존재로 서서 간다

가을 끝에서

또 한 해 끝 가을이 오고 있다 피부에도 어느새 가을 끝 바람이 싸늘히 스민다 이 가을 깊은 저녁에 싸늘한 찬 공기를 마시며 올림픽공원 중턱에 오른다 다람쥐가 지나고 도토리가 떨어져 뒹굴고 나뭇잎이 부서져 아프게 몸을 날린다 하늘엔 회색 구름끼리 크게 뭉쳐 벌써 추운 몸을 비비고 철새들은 찬 석양을 세게 뚫고 내 집으로 달리고 억새풀은 이미 꺾어진 몸으로 힘들었던 한 해를 각혈한다 저마다 가을 역사를 쓰고 있다 아— 올 한 해도 힘겨웠던 인생들아 우리도 꺾어진 아픈 상처를 각혈하자 토해내자 그리고 힘든 가슴을 펴자 이제 또 겨울이 온다 오는 겨울을 맞고 어설픈 첫 눈발에 입을 맞추자 힘찬 새 해를 맞자!

하얀 낮달에게

오늘 유난히
하얀 낮달이 파란 하늘에 박혀
정지된듯 멈춰 서 있다
지금 내 외로움처럼
달도 외로울까 달도 외로울까
살아 움직이는 것들은 다 외롭다
차라리 저렇게 정지된 달은 얼마나 더 외로울까
어쩌면 구름을 기다릴까

낮달아 낮달아
구름이 온다 해도
외로운 거란다
어쩌면 구름도 외로워 안 올지 몰라
너는 하늘에서
나는 땅에서
살아 움직이는 것들은 다 외로운 거란다

내린천 겨울

새 소리조차 없는 차가운 겨울 풍경
내린천 물이 졸졸 힘차게 흐르는데
풍경은 졸졸 그대 목소리를 묵상한다
산과 산의 곡선은 길게 춤을 추고 이미
하얗게 내린 눈은 돌마다 산마다 흰 떡가루가 되어
겨울 정적을 고뇌한다
아무도 없는 정적의 찬 겨울 길
홀로 달음질해도 소리는 햇살에 녹아 우는
내린천 겨울 물소리뿐
졸 졸
생명뿐이다
생명뿐이다

사랑 고백

평소 소나무처럼 꿋꿋해 보였던 남자가
어느 날 바람에 나무처럼 흔들리는지
내게 와 손을 잡는다 꽃과 꽃의 사이
언제나 벌이 머뭇거리듯 나는 꽃잎처럼 설레었다
언제부턴가 꽃가루처럼 생겨나 번지는 사랑
가을엔 낙엽처럼 뒹굴어 전하고
겨울엔 눈발처럼 쏟아져 전했다
그의 몸짓은 그래서 바다의 깊은 힘 같았고
때론 조용한 노래의 음률 같았다
사랑은 언어만이 아니라 몸짓의 울림으로도
고백을 하나니 사랑의 깊은 속살은 그렇게
드러나면서 옷을 입는 것

죽음 앞에

초겨울 파란 하늘이 어찌 저리도 맑으리오
그때 당신이 살았을 적 하늘도 저리 맑았으리오
겨울 가고 또 봄이 오고 목련이 피고 떨어지는 것을
당신도 보았으리
당신이 살았을 때나 지금이나
여전히 봄이 오고 목련이 핍니다

내가 지금 홀로 깊은 골짜기에 빠졌어도 울지 않으리오
삶이 너무 괴롭다 말하지 않으리오
내가 지금 당신보다 더 오래 살고 있으니
오래 살고 있으니
어찌 당신 앞에 투정하리오
첫눈이 하얗게 이마에 쏟아져도 외롭다 투정하지 않으리오
라일락 향기가 가슴을 쪼개어도 아프다 하지 않으리오

내가 당신보다 더 오래 살고 있으니
오래 살고 있으니
어찌 당신을 원망하리오
어찌 아프다 말하리오
어찌 슬프다 말하리오

제3부

나라가 잘 되어야 한다

한글

나의 손이 한글을 따듯이 손에 쥐고
나를 본다
얼굴도 보고 몸매도 보고 옷도 보고
마음을 본다 꿈도 꾼다
한글이 있기에 나를 적는다
한글이 있기에 나를 말한다

1443년 세종 25년
〈훈민정음〉 백성을 바르게 가르치는 바른소리로
28자 자모음으로 세종대왕은 한글을 만들었다
한글은 민족의 얼과 혼을 담은
사용하기 편한 나라말씀이다
그래서 한글은 위대한 나라 글이다

위대한 우리 나라 글은 말한다
동해물과 백두산이 마르고 닳도록 하나님이
보우하사 우리 나라 만세 무궁화 삼천리
화려강산 대한 사람 대한으로 길이 보전하세

위대한 한글 우리 말은 여기에도
많은 말을 하고 쓴다
우리 한글이다

태극기

태극기는 대한민국의 얼굴
사괘에 우주 자연의 궁극적인 생성 원리를 안고
양과 음 존귀와 희망을 품은
대한민국의 얼굴
국위입니다

그러기에 우리는 대한민국 태극기
당신을 내 품에 칼처럼 품습니다
당신은 우리의 목숨입니다
자존입니다

태극기 속에
애국가가 흐르고
무궁화가 핍니다

태극기
우리 대한민국 존귀와 희망
영원하고 힘차라!
우리 대한민국의 얼굴
대한민국 국기
태극기
영원한 태극기여라!

비참했던 6 · 25 전쟁

아아 잊으랴 어찌 우리 이 날을!

6 · 25 이 가슴 찢어지는 노래를 누가 잊으리오 1950년 6월 25일 조용한 일요일 아침잠에서 깨기도 전 갑자기 북에서 남으로 총칼 들고 쳐들어 왔다 그 가난한 시절에 무기도 제대로 없고 전쟁은 생각지도 못하고 그냥 일요일 아침을 맞는 시간에 속수무책으로 고스란히 당할 수밖에 없었다 놀란 국민은 목숨이 바람의 풀처럼 힘없이 총칼에 맞고 탱크와 쏟아지는 폭격으로 죽고 부상당하고 실종당하고 끌려가고 그야말로 바로 그 피비린내 나는 전쟁이 시작되었다

이 소식이 알려지자 미국이 움직였다 유엔군들도 움직였다 미국과 오스트레일리아 영국 캐나다 뉴질랜드 터키 네덜란드 타이 룩셈부르크 콜롬비아 에티오피아 프랑스 그리스 필리핀 벨기에 남아프리카공화국 16개국 총인원 933,845명이 전쟁용사로 남한을 도왔다 그러나 그 고마운 용사들은 52만 2604명 사망했고 94만 408명 부상했고 43만 5468명이 실종 포로가 됐다 의료지원을 해준 인도 이탈리아 덴마크 스웨덴 노르웨이가 있었으나 이 용사들도 전사 부상 실종 포로로 47만 4000명이나 되었다

고마운 16개국 용사들이여 이름도 얼굴도 모르는 낯선 남의 땅에 와서 목숨을 내놓고 싸워준 그대들이여 우리

한국은 그대 나라와 용사들 이름을 어찌 잊으리오 어찌 잊으리오! 무서운 전쟁터에서 고국의 어머니 형제를 그리워하며 울며 참고 싸워준 각국의 고마운 그대 용사들이여 전쟁터에서 아버지를 남편 아들을 잃고 통곡하는 유족들이여 또 밥을 닷새씩 굶어가며 죽은 전우 얼굴을 보며 빗발치는 폭격 속을 목숨 내놓고 달려준 그대들 이 한국이 어찌 그대들 이름을 잊고 감사를 잊으리오! 치열했던 그날의 인천상륙작전 낙동강전투 춘천전투 772 군번 없는 학도병 KLO 부대여 죽음으로 희생으로 한국을 지켜준 용사들이여 그대들의 그 위대한 희생정신과 애국이 헛되지 않아 이제 남한 한국은 일어났습니다 아침 일찍 일어나 새마을 운동으로 농사 짓고 감자 심고 공장 세우고 기계 닦으며 새벽부터 종일 밤새우며 뛰면서 숨 가쁘게 일했습니다 그대 16개국 용사들 한국의 자유 평화 위해 싸워준 그대 용사들 목숨을 내 놔준 그대들 이제 한국을 보십시오 한국의 번영을 보고 너무 기뻐 한국 위해 싸운 것이 평생의 자랑이라고 말하는 용사들이여 고맙습니다 그대 용사들 덕에 이제 한국은 가난도 고통도 멸시도 받지 않는 나라 경제 강국이 되었습니다 전쟁으로 다 부서진 거지 나라에 그 옛날 17억 달러나 원조해준 미국이여 고맙습니다 전쟁으로 고아가 된 불쌍한 1069명 고아를 미국으로 데려가서 아버지가 되어준 블레이즈 대령 미 군목이여 너무나 고맙습니다 또 고아원을 400개나 세워준 조지F 드레이크 미 용사여 너무나 고맙습니다 탄약을 등에 날라준 미 레클레스 경마주도 고맙습니다 윌리엄워버 용사여 한국전으로 팔다리를 잃고 평생 고생하시니 너무도 죄송합니다 케네디 용사여 한국전으로 얻은 피부병으로 80이 넘도록 지금도 고생하시니 너무도 죄송합니다 아직도 미 발굴된 유해 13만구 유족들이여 너무나 죄송합니다 그대 용사들 온정과 희생으로 이만큼 번영 한국 경제 발전이 있게 됐습니다 당신들의 그 온정과 희생 목숨이 헛되지 않토록 이 경제를 잘 발전시키고 잃을 뻔한 이 자유와 민주주의를 꼭 잘 지키겠습니다 그 6 · 25 정신으로 늘 우리와 함께 해주십시오 한국도 그대들처럼 어려운 나라를 돕겠습니다 자랑스런 한국 유엔국이 되겠습니다

눈물이 납니다 그대 고마운 용사들 희생을 생각하면! 한국전 참석한 16개국 위대한 참전 용사들은 영웅입니다 그 영웅들을 영원히 잊지 않겠습니다 그리고 영원히 고맙습니다 한국은 한국은!

천안함 772 피격 사건

2010년 3월 26일 밤 9시 22분경 슬픈 소식이 전해졌다 백령도 남서쪽 2.5km 쯤에서 포항급초계함 772호가 훈련 도중 정체불명의 갑작스런 폭팔로 인해 선체가 두 동강 나며 침몰하는 사건이 터졌다 그 소식에 전우를 구하겠다며 검은 찬 바다에 뛰어든 한주호 준위는 죽음으로 돌아왔다

칠흙같이 어둡고 거센 파도와 찬바람은 몰아치고 구출작전은 아비규환이었다 104명 중 46명을 구출하지 못했다 잠자리에 들 시간에 당해 천안함에 갇힌 채 검은 바다 밑바닥에 가라앉은 20대 어린 해병들 그 얼음장 같은 깊은 바닷물 속에서 헐떡이며 살려달라 비명 한 번 지르지 못하고 죽어갔을 그 어린 해병들 죽어가면서 얼마나 무서웠을까 엄마 아빠 가족이 얼마나 생각났을까 아 충격에 가슴이 떨리어라 가슴이 저리고 쑤시어라 세상에 이런 아픔이 또 어디 있으랴 누구나 짐작되는 일을 북은 그러고도 한미 음모라고 내뱉었다

그대 북이여 그대가 이긴 것이 아니다

북의 네 가슴에 남의 내 가슴에 잔악한 죽음이 영원히 살아 그대로 기억되리 민족이 부끄러워 숨어서 통곡하리 너무나 가슴 저려 차라리 미쳐서 통곡하리!

이창기 최한권 김태석 남기훈 문규석 김경수 안경환 박석원 강준 박경수 정종율 민평기 최정환 김종헌 신선준 임재엽 손수민 심영빈 조정규 방일민 조진영 서대호 서승원 장진선 이상준 차규석 박보람 문영욱 박성균 김동진 이용상 이상민88 이재민 이상희 이상민89 강현구 정범구 김선명 안동엽 박정훈 김선호 강태민 나현민 조지훈 정태준 장철희 한주호 준위

국방의무를 위해 용감하게 대한민국을 지키다 간 우리의 용사들 대한민국은 그대 용사들 이름을 잊지 않으리 그대 얼음장 깊은 바다에서 헐떡이며 죽은 그 아픔을 결코 결코 영원히 잊지 않으리!

DMZ의 존재

DMZ 비무장지대
그 처절한 피의 능선 60년의 존재는 있는 것
DMZ 개구리의 발가락처럼 있는 것
숲 속 너구리의 두 귀처럼 뛰는 것
달처럼 어둠 속에도 깊숙이 뜨는 것

DMZ는 찌르는 철조망 가시에 막혀
일일이 볼 수 없고
일일이 말이 없어도
남북 가슴에 얽힌 가시철조망처럼 녹슨 지뢰처럼
지금도 38선 가시에 살아 있는 것

아 DMZ 비무장지대는
오랜 신음을 멈추고
그대 아픔을 민족의 토해내라 울부짖어라

우리 아픔을 열린 하늘이 보았고
우리 통곡을 열린 땅이 들었다
DMZ는 60년을 절절이 끌어안고
어서 이 기막힌 아픔
60년을 해결하라
DMZ는
60년을 지워라 민족의 큰 이름으로
평화의 큰 땅으로 채워라
평화로 채워라!

우리 국군 장병에게

전우의 시체를 넘고 넘어 지켜온 우리의 국군 장병들
그대 장병 군인은 집에서도 하늘 같은 아들이고
나라에서도 하늘 같은 귀한 장병 국군입니다
육군 해군 공군 너무도 믿음직스럽고 자랑스럽습니다
한 청년 한 청년 국군의 모습 용사가 있기에
구석구석 대한민국 어디를 가나 한 사람 한 사람
국민은 보호를 받습니다 정말 든든합니다
대한민국을 지키는 최고의 수호신입니다
어머니가 그리워 밤별을 바라볼 때도
밤별 아래로 스치는 영하의 찬바람에도
땀방울 떨구며 군가를 외치며 뛸 때에도 그대
가슴 사이엔 오직 어머니 가족 사랑 내 나라 지키는 일념뿐입니다
그대 위대한 용사가 국민의 힘입니다 국가의 자산입니다
그리하여 위대한 국군 그대여
그대의 땀방울이 가족과 국민을 평안케 했습니다
지금의 평화 대한민국을 만들었습니다
우리 기업을 성장시켰습니다
내 나라가 낙후되지 않고 번영케 했습니다
위대한 청년 우리의 국군입니다

적의 무리 쫓고도 쫓아 원수의 하나까지 쳐서
무찔러 이제야 빛내리 이 나라 이 겨레!
앞으로도 위대한 청년 국군이 쳐서 무찔러 이 나라를
지키고 빛내게 할 것입니다 번영케 할 것입니다
영원히 자랑스런 우리 대한의 국군 장병입니다!

낙후되면 매 맞는다

우리는 올림픽 월드컵 때 환호했다

세계 속에 행복했다

반기문 유엔 사무총장Ban Ki moon 결정됐을 때도 20G 정상회의가 열릴 때도 그랬다 뉴스를 보면서 우린 이게 꿈인가 했다 신문 교과서에서만 보던 남의 일로만 여겼던 게 아닌가 2012년엔 핵안보정상회의 53개국이 삼성동 코엑스에서 열렸다 세계박람회도 아름다운 전남 여수에서 열렸다 그리고 또 세계은행총장 김용Kim Yong 한국인을 또 주한 미국대사도 한국인 성김Sung Kim으로 오바마대통령President Barack Obam 지명하였다 얼마나 마음 따듯한 배려인가 Respected leader President Obam이 아닌가 로비를 하자면 수억도 모잘를 것이다 런던 올림픽서 금13개로 5위 일본을 앞섰다 또 오랜 노력 끝에 2013년 1월30일 나사로 발사도 성공했다 GCF 녹색기후기금 사무국도 인천 송도 유치에 성공했다 제주에서 세계환경대회도 열였다 WEC 세계에너지총회도 했다 부산에서 WCC 세계교회총회도 열였다 2017년 FIFA U-20도 유치했다. 무역도 세계 8강이 되었다 이 모든 것이 기분 좋은 일 나라의 경사다 앞으로도 나라의 경사는 계속될 것이다 또 인천 아시아게임과 동계 올림픽도 개최한다 다 내 나라 경사고 발전이다 나만 좋은 것인가 우린 일본 식민지 36년의 나라가 아니다 전쟁을 치르고 가난한 반쪽된 지구상 손바닥만 한 나라가 아니다 이제는 원조를 받는 나라에서 원조를 주고 각계서 세계로 봉사를 나가는 세계경제 10위권 나라가 되었다 누가 한국을 제2의 유대인이라 했는가 우리 선조들은 굴러다니는 돌로 뿌리를 맞물려 자연식 그대로 돌을 쌓이 농다리를 만들었다 바람 홍수 풍파를 다 이겨내고 지금 1000년이 되었어도 견고하다 선조들의 지혜로운 건축술 그 밑으로 지금도 지혜의 물이 흐른다 이제 후손인 우리도 전쟁 풍파 가난을 이기고 세계 속에 우뚝 선 한국인으로 살고 있다 이제 우리도 미국처럼 선진강국이 되어 가난과 평화를 돕는 세계 속에 우뚝 선 한국인이 됩시다 유엔국이 됩시다!

수고가 많은 자랑스런 우리의 한국 대기업이여 중소기업이여 역군들이여 힘을 냅시다! 세계를 외쳐라 우리 문화 예술 영화 드라마 스포츠 케이팝 한류여 더 열심히 뛰어라 날아라 우리 자랑스런 한국인들 박찬호Park C H 추신수Choo S S 류현진Ryu H J 최경주K J 박세리Park S I 박지성Park J S 손흥민Son H M 김연아Kim Y A 힘찬 여러 K-POP 가수와 영화 감독들, 드라마 작가들 힘내 주세요 한국아 내 나라여 더 잘 되십시오 더 잘 되십시오 더 잘 되십시오 내 나라 한국이여!

이제 식민지 전쟁 가난은 없다
국력이 낙후되면 매 맞는다 먹히고 만다
한국이여 낙후되면 매 맞는다!

한미동맹 60주년

— 미국에 감사한다

유윤이

1910년 일본이 우리 조선을 침략해 우리 국권을 뺏었다 우리나라에서 땅도 말도 자유도 뺏었다 그리고 때리고 부려먹고 성노예로 짓밟았다 무려 36년간이나 그랬다 그 원통함 분노 아픔의 피가 얼마나 끓었겠는가 그러나 우리에겐 나라를 찾을 힘이 없었다 그런데 미국이 일본 히로마에 원자 폭탄을 투하 일본천황이 항복하게 됐다 그래서 일본식민지에서 해방될 수 있었다 그 감격이 1945년 8월 15일 광복절이다 그래서 한국은 물론 나는 개인적으로 미국에 한없이 감사한다 잊어선 안 된다! (그런데 일본 아베총리 후 어떤 정치인은 침략 성노예를 부인한다 또 독도를 일본 것이라고 한다 일본 역사학자도 독도는 한국 것이라고 말한다 1844년 조선과 일본 지도에도 독도는 조선 한국 것이라 써 있다 또 힘 없어 일본에 침략 36년을 당한 한국이 무슨 힘으로 독도를 뺏는단 말인가 안 그런가? 성노예는 맥아더 장군 기밀문서에도 있다 그리고도 일본은 평화헌법도 나치처럼 비밀히 개정하자고 한다 이런 일본이 집단자위권을 갖는다니 36년 아픔 많은 한국은 이 문제를 주시하고 있다 독일 총리들은 계속 나치 전범을 정직하게 인정하고 반성한다 부러운 일이다 그러니 화해하고 조용하다) 일본과는 반대다 일본의 그 끝없는 거짓과 야욕보다 더 무서운 것은 세상엔 정의가 살아 있고 신은 일본의 악행을 알고 있다는 것이다 한국은 또 미국에 감사한다! 1950년 6월 25일 일요일 북한이 남한을 침공해 전쟁이 터졌다 미국이 또 우리 손을 잡아줬다 신속히 우리를 도왔다 전쟁터에 유엔군 중 미군이 180만 명 가까이 가장 많이 참전했다 그러나 3만 명이 넘게 전사했고 9만 명이 부상했다 또 전쟁 후 다 파괴된 잿더미 속 먹을 것이 없는 고아 거지로 들끓는 한국에 미국은 그 옛날에도 아낌없이 17억 달러를 원조해주었다 미국과의 그 혈맹은 60년이 넘었어도 지금도 변함없이 계속 귀한 미군과 세금으로 한국을 돕고 있다 한국에 가장 큰 힘과 위로가 되어 준 미국에 또 한 번 감사하지 않을 수 없다 때문에 한국 시인은 60년이 지났어도 이렇게 잊지 않고 미국에 감사를 쓴다!

이젠 또 다시 북한이 핵으로 남한을 괴롭힌다 북한은 말한다 〈핵은 김정일 유훈이고 최종목표는 남한 파괴다!〉 또 〈김정은은 3년 안에 무력통일을 호언한다〉 그러니 언제 또 미국 중국을 안심시키고 속이고 남한에 갑자기 6 · 25처럼 일요일 새벽 핵을 쏟아부을지 모른다 연평도도 생각지도 않을 때 갑자기 대낮 포격하고 밤엔 천안함을 피격하고 죽였다 또 장거리 로켓도 3차 핵실험도 했다 더구나 전작권이 미국이 빠지고 한국으로 넘어오면 더 편히 공격하기 쉬울 테니 걱정이다 핵이 쏟아지면 그러면 미국과 한국 60년 고생 연합은 물거품이 되는 것이다 더구나 남한은 핵도 없다 미국 핵은 멀리 있어 걱정이다 한국은 그래도 미국이 신속히 도와줄 것이라 믿는다 오랜 60년 동안 한국문제로 미국이 함께 지내다 보면 좋은 일 나쁜 일 한국인에게 온갖 소리를 다 들었을 것이다 서로 불만도 있었을 것이다 그럼에도 60년을 한국을 떠나지 않고 동맹 혈맹으로 한국에 함께 있다 덕분에 이 만큼 긴 60년 세월을 위험한 북한과 대치 속에서도 안정을 누릴 수 있었기에 한국은 정치 민주주의를 이루며 세계 경제 10대 성장을 이룰 수 있었다 중진국이 되었다

2013 올해가 한미동맹 60주년이다! 어느 나라가 형제처럼 미국처럼 이렇게 함께해줄 수 있을까? 미국은 올해도 북한 3차 핵실험을 보면서 변함없이 한국 위해 키리졸브 한미연합훈련을 이행하고 있다 또 미국 상하의회는 〈한미동맹 60주년 결의안〉 정전 60주년 〈한반도 평화통일 결의안〉을 만들었다 60주년 기념식 7월 27일 오바바 대통령이 참석 포고문을 발표해 주었다 또 60주년을 축하 한국 국군의 날 헤이그 국방장관이 함께 참석해 주었다 얼마나 감사한 일인가(미국은 장차 한국 통일도 적극 참여 힘껏 도울것이라 믿는다) 미국은 세계 어느 나라든 이름도 얼굴도 모르지만 고통당하는 나라들에 원조하며 미군을 보낸다 세계 평화를 위해 또 힘없는 나라 인권을 위해 큰 일을 하고 있다 미국은 정의국가다 미국 만세다 미국에 너무나 감사한다! 미국과의 혈맹을 내가 섬기는 하나님께 감사한다 미국에 영원히 하나님의 큰 축복이 계속되길 기원한다!

미국 감사한 한미동맹 60주년 만세다!!

The Sixtieth Anniversary of the Korean-American Alliance

— Much obliged to the United States

Yu Yun-i

Japan invaded Korea in 1910, and ruled our sovereignty. They plundered everything - the territory, the language and freedom. They rode over the liberties of the Korean people, making slaves of us. It continued no less than 36 years. How resentment the people had! But we had no power to be released from their cruelty. However, the United States dropped a bomb on Hiroshima, Japan and Japanese emperor surrendered to the USA. Then, we regained our country independence. The impressive moment was just the 1945 Liberation of Korea. On this account, not only our nation but I don't know how to express my thanks to the USA. We should remember this as long as our country exists. Some politicians deny the fact that a sexual slave happened by their aggressive act! (Moreover, they claimed to be the owner of Dokdo Island. Japanese historical scholars also say that Dokdo belongs to Korea. Both the map of Korea and Japan in the year 1844, Dokdo belongs to Korea. How can we recover Dokdo after underwent the colonial period that lasted 36 years. Isn't it? Sexual slave committed by Japanese is already confirmed by documents of General MacArthur. Japan tries to make confidential revise the Japanese peace constitutional law. Many Koreans who underwent all sorts of hardships for 36 years fix their eyes on that matter tried by Japan that secretly has the right of self-defense. German Premiers continuously admit that Nazi war criminals and reflected on what they had done. How we envy them! So they make peace with each other and calmed down.) It's opposite to Japan. The more terrible thing than the lie and avarice of Japan is that justice will prevail in the end and God

knows that evil deeds conducted by Japan.
We, Koreans, can never thank USA enough. The two Korea(South and North) fought a war in Jun 25th in 1950. The United States supported us. They quickly helped us. One hundred and eighty thousand American forces were took part, which are larger than all soldiers of the United Nations. However, the war dead reached three 30,000, and 90,000 soldiers injured. After the war, the U.S. helped Korea crowded with beggars and orphans, handing out $17 thousand million in economic aid. The U.S. still stations troops in Korea and its alliances financially render help to our nation, though the war ended 60 years ago. Once again we don't know how to thank them that comforted us. Therefore Yu Yun-i, a korea poet, writes this with gratitude, no matter how the war ended 60 years ago.

Now the North Korea once again takes a threatening attitude toward South Korea. North Korea discloses its intention. 〈Nuclear weapons are Kim Jeon-il's instructions and its ultimate goal is to destroy the South.〉 What is more, 〈Kim Jeong-un talk bombastically – unify the South and North by force of arms within 3 years〉. Hence, no one knows that the dictator will make a bombing raid against South as 6·25, relieving the U.S. and China of their anxiety. Yeon-peong-do was suddenly bombarded in the broad daylight, and Cheonanham also was assaulted in the night by the North, which carried off many naval forces. They also carried out a long distance nuclear test three times. It's apprehensive that if the operational controls of the armed forces transfer from the U.S. to Korea, they would easily launch an attack against the South. If nuclear bombs make a bombing raid against the South, the result of alliance between Seoul and Washington will be burst like a bubble. What's more, the South has no nuclear bomb. American's nuclear bomb is a long way off, so it's apprehensive. However, Korea believes that the U.S will swiftly help us.

It's true that he United States is used to hearing grievance, as they stationed in Korea for over 60 years. The two leagues(Seoul and Washington) would find fault with each other. Still, they observe their principles and stationed here until now as a "blood-tied" alliance. Through their patronage support, our country, in spite of facing the enemy, has been stabilized as a democratic country, and become great economic nation to the tenth place in the world. We became a semi developed country.

This year, 2013, is the sixtieth anniversary of Korean-American alliance. Which country will bestow a favor on us except the U.S., treating us as one of the friends? The U.S has carried out the Resolve Korea-U.S. joint exercise, watching the nuclear tests with their own eyes. The Senate and the House of Representatives of America also adopted 〈a resolution of sixtieth anniversary of Korean-American alliance〉 and 〈a resolution of peaceful unification of Korean peninsula〉. July 27th, the Sixtieth Anniversary of the Korean-American Alliance, President Obama took part in the event and declared a decree. The Secretary of State, Hague, also participated in the meeting on the Republic of Korea Armed Forces Day. How can we ever thank him. (We believe that the U.S will help us bring the two Koreas under a single authority.) The U.S willingly dispatch army and render help to the country suffering from the agonies of pain. They do a matter of grave concern with pleasure for the peace of the world and civil liberties of the poor countries. The U.S is a champion country of right. Long live the U.S! Much obliged to the U.S. I personally don't know how to thank the Lord that I worship. I wish the U.S good luck by the protection of Heaven. Thanks and long live the U.S., the Korean-American Alliance.

독도는 괴롭다

독도는 늘 그 자리에서 하얀 파도와 함께 있다
그러나 독도는 한 · 일 사이 편안할 날이 없다

조선 초기 세종실록지리지 1454년 독도는 조선 영토라 기록되어 있고 독도 통치는 이미 신라시대로 거슬러 올라간다 그리고 1877년 태정관리지령 일본 정부 공식문서에도 확인되고 있다 또 18세기 일본 고지도에도 독도는 한국 것이고 구보이노리오 등 일본 여러 역사학자들도 한국 것이라 말한다 국권을 뺏기고 너무나 통분해 피흘리던 일제 저항 시절 숨도 못 쉬고 괴로워했던 우리 많은 청년들이 있다 윤동주 시인도 교회당 십자가 아래서 서성이며서 모가지를 드리우고 꽃처럼 피어나는 피를 어두워가는 하늘 밑에 조용히 흘리겠다 했다 그토록 괴로워했던 그 괴로움이 아직도 끝나지 않아 일본은 조선을 한국 독도를 괴롭히는가 한국을 얕보는가?

알다시피 조선은 힘이 없어 남의 것을 뺏을 생각도 할 수 없었다 총칼도 없는 조선이 언제 독도를 쳐들어가서 뺏었단 말인가 힘 있는 일본이 조선을 총칼 들고 통째로 뺏어 36년이나 부려먹고 짓밟지 않았나 그런 일본이 조선에 독도를 뺏겼다면 그동안 가만히 있었겠는가? 21세기다 일본은 이젠 철저히 바뀌어야 한다 독일은 빌리

브란트 총리부터 메르켈 총리까지 늘 정직하게 나치 전범 악행을 인정 사죄하고 배상한다 그러니 나치는 아픔도 사라지고 조용할 수밖에 없고 독일은 용서와 신뢰를 받을 수밖에 없다 일본은 총리가 바뀔 때마다 사죄는커녕 했다 안 했다 번복 망언을 한다 일본은 평화헌법도 건드리지 말고 나치처럼 비밀로 헌법 개정도 말아야 한다 교과서도 정직히 가르켜야 한다 일본 악행은 우리 조선의 피의 역사로 살아 있다

대한민국은 강해졌다
경제도 군대도 강해졌다 강한 국민이 있다
이젠 일본에 절대 당하지 않는다!

우리 독도여 괴로워하지 말아요
윤동주 시인도 괴로워하지 말아요
김장훈 가수도 괴로워하지 말아요
일본에도 고노담화가 있듯이 양심세력이 있으니 힘을 냅시다 우리 선진들이여 선진들이여 힘들고 힘들지만 일본과 싸우고 싸우기보단 가까운 이웃끼리 사이좋게 협력하며 살도록 도와주소서 도우소서 우리 선진들이여!

대한민국 자랑스런 기업들

삼성이건희 현대기아차정몽구 SK최태현 LG구본무 롯데신격호 현대중공업정몽준 GS허창수 한진조양호 한화김승연 두산박용만 STX강덕수 CJ이재현 LS구태희 금호아시아나박삼구 신세계이명희 동부김준기 대림이준용 현대현정은 부영이중근 OCI이수영 효성조석래 동부제강강세주 현대백화점정지선 코오롱이웅열 웅진윤석금 KCC정몽진 영풍장형진 미래에셋박현주 한진중공업조남호 현대개발산업정몽규 대성김영대 세아이운형 태광이호진 하이트진로박문덕 한라정몽원 교보생명보험신창재 한국투자김남구 태영윤세영 대한전선설윤석 한국타이어조양래 이랜드박성수 유진유경선

자랑스런 우리 대한민국 기업들이다 정주영 이병철 두 분을 모르는 국민은 없다 여기에 자랑스런 모든 기업들은 우리의 할아버지 아버지께서 그야말로 손발이 부르트고 찢어지도록 뛰어다니고 눈물 흘리고 한숨짓고 잠 못자고 새벽부터 일어나 일궈낸 그야말로 피와 땀으로 세운 위대한 기업들이다 지금도 그의 자녀들은 계속 CEO 기업주로 쉬지 않고 창의정신으로 계속 땀 흘리며 뛰고 있다 기업을 키우고 성공시키고 있다 얼마나 훌륭한가 얼마나 위대한가!

여기에 많은 일자리들이 생겨나고 그 일 맡은 기업 모든 식구들은 밤낮으로 기업을 내 분신처럼 아끼며 최선을 다해 뛰고 있다 이들을 통해 또한 기업은 성장한다 현대 기아차는 어려운 학생들에게 무이자 장학금을 주고 임시직을 정규직으로 전환했고 5월엔 삼성은 1조 5천억 경제 창조 노벨상을 목표로 미래기술육성재단을 설립했다 LG도 4천억 거래물량을 중소기업에 개방했고 GS 신세계 SK CJ KT 롯데 한화도 비정규를 정규로 전환했다 현대제철 3고로가 가동됐다 시간제 일자리 등 다 쓸 수 없지만 기업들은 서로 손잡고 정부와 함께 기업들이 잘 되도록 국력 증강 부강에 함께 힘써야 한다 우리 선조들이 낙후로 일본 식민지가 되었음을 잊지 말아야 한다 지금도 독도로 싸우고 있다 우리 국민은 결심하면 얼마든지 해낼 수 있다 대기업 중소기업 모두 뭉쳐 서로 도와야 한다 뭉쳐야 강한 기업 강한 국가가 될 수 있다(또 긴 세월 할아버지 아버지가 소중하게 키워온 기업이 오래 가기 위해선 또 기업과 선친의 이름 명예를 지키기 위해선 기업의 도덕성 신뢰 여러 가지 국내외 믿음 신뢰주는 기업의 노력이 필요하다 우린 과거 대우가 왜 무너졌는가 최근 동양의 모습을 본다 또 끊임없이 기업총수들의 구속을 본다 무엇이 문제인가?)

기업 명단 아래 여백을 남겼다 여망 때문이다 대기업도 기술과 창의 항상 국내외 추격이 있다는 것을 잊지 말아야 한다 우리 모든 600대 기업 송학까지 모두 계속 창의성을 갖고 힘차게 번영해 주길 바래서 남겼다 기업마다 목표

꿈을 성공해 주길 바란다 멈추면 정지되면 죽는 것이다 우리나라도 제2의 미국 세계 강국이 될 수 있다 우리 대한민국은 강하고 뛰어나다 잿더미에서 일어났다 얼마든지 세계 강국이 될 수 있다 우린 이미 최고가 된 것도 있다 삼성전자다 강하고 뛰어난 대한민국 기업의 남은 여백이 목표 꿈을 이루는 데 성공 최강으로 꼭 반드시 다 채워지기를 바란다 대한민국은 얼마든지 해낼 수 있다 해낼 수 있다! 모든 기업에 신의 축복을 기원한다! 진심으로 기원한다 정지되면 죽는다 낙후되면 매맞는다!

내 나라가 잘 되어야 한다

우리 모두
내 나라를 사랑해야 한다

내 나라는
내 몸이다
내 몸이 약하면 죽는다

이미 내 선조가 가난으로 6 · 25 전쟁으로 일본침략으로
많이 아파 울었고 피 흘렸다 우리 현재 미래 자녀는
아프지 않고 울지 않아야 한다 피 흘리지 않아야 한다

때문에
내
나라가 부강하고 튼튼해야 한다
내 나라가 잘 되어야 한다
우린 손에 손 꼭 잡고 꼭 협동해야 한다

가난 전쟁 식민지
나라가 낙후되면 또 매맞는다

내 나라가 절대
절대로
잘 되어야 한다
나라가 잘 되어야 한다!
나라가 잘 되어야 한다!

민족이여 어찌할꼬!

2013년 국회는 대한민국의 심장이다 그런데 국회 통진당에서 종북세력 RO조직이 발각됐다고 해 깜짝들 놀란다 북에선 대한민국 대통령을 동네 애처럼 박근혜라 부른다 통진당 대표도 박근혜 씨라고 부른다 북한과 꼭 같지 않은가 사람들은 술 마쉬며 말한다 그러면서 대한민국 밥은 왜 먹냐 대한민국의 세금 정당 국고는 왜 받냐고 말한다 또 국고를 주는 건 뭔가? 살기 힘든 국민도 많은데 말이다 또 간첩신고 112는 왜 없어졌냐고 묻는다 국회까지 들어와도 모르니 그 기만술로 6 · 25 일요일 새벽처럼 또 당한다 핵으로 언제 죽을지도 모른다고 한다 그래도 정치 여야는 그저 끝없이 싸우는 게 직업이다 정치권을 보면 더 불안하다

이게 뭔지 모르겠다 옆에 한중일 중에 일본 중국은 강국이 되어 감히 무시 못 하게 되었다 그런데 우리 한국만이 둘로 갈라져 동족끼리 언제고 파괴시키고 죽이려 호시탐탐 국회까지 침투하고 핵 등 각종 무기 생산에 경제를 쏟아붓고 있다 얼마나 답답하고 어리석은 짓인가 남이 볼 땐 더 한심한 짓일 것이다 남북 형제가 서로 협력 돕고 도와가며 살기라도 해야 우리 민족이 일본 중국에 뒤쳐지지 않을 것이 아닌가 통일이 되더라도 덜 힘들 것이다 겨우 남한이 요만큼이라도 힘들게 일으킨 경제를

아주 또 죽이고 핵 콩가루로 만들고 우린 민족은 또 다시 6 · 25 거지로 돌아가 또 일본 중국 세계에 구걸하며 살아야 한다는 말인가? 참으로 동포여 민족이여 우리 어린 자식 후세를 생각해 봅시다 진정 우리 귀중한 민족의 미래를 생각해 봅시다! 우리도 합심하면 일본 중국을 이길 수 있습니다 이제라도 무기를 벌레처럼 버리고 서로 협력 도우며 삽시다 서로 살립시다 정신 차리지 않으면 또 낙후 되고 또 매맞습니다 또 먹히고 맙니다!

숭례문

숭례문
조선 1395년 태조 4년 때 시공해서
3년에 걸쳐 완공되고
1962년 12월 20일 국보 1호로 지정됐다

숭례문 그대가 1398년부터 서울 한가운데서
2013년 5월 4일 살아 남기까지
해체하고 수리하고 보수 공사하고 일제 수난에서 방화로 불타고
수리 복구하고 얼마나 그 아픔 수난이 험악했으리오
숭례문 어쩌면 그대는 한반도의 아픈 수난과 꼭 같으리오
그래서 숭례문은 우리 한반도 성문이 꼭 맞는구려
그래서 숭례문은 아픔에도 한반도 남쪽에서 우리를 지키는구려
한반도는 아픔 많은 숭례문에 정성껏 새 옷을 입히는구려

그러나 이제 숭례문이여 그대는 우리 문화유산 1호 얼굴로
힘 있는 사래끝처럼 용마루에 독수리 머리처럼
강하게 힘차게 기상을 펴소서
이젠 이제는 아프지 마소서 불타지 마소서 그대 이마에
숭례문을 쓴 양녕대군 필세처럼 높고 강하소서

존재하소서 그렇게 웅장하게
높고 강한 기상으로 한반도의 큰 문을 여소서
백성들을 흥왕케 문을 여소서
민족 평화의 문을 여소서
한반도가 세계에 빛나도록 문을 여소서
한반도의 소중한 문화유산 영원한 그대
우리 조선의 숭례문이여!

통일

통일!
그대 이름을 혼자 조용히 불러봅니다
2013년 전쟁 60년이 넘고 북은 핵을 만들고
종북세력이 국회까지 침투한 이때
아직 누가 들으면 쑥스럽기 때문입니다

남북의 막힌 불통 아래서
생각의 엇갈린 사상 속에서
숨겨진 그 높은 핵 꼭대기에서
아무도 모르게 혼자 조용히 불러봅니다
통일
통일

그대 이름은 아직 내 낯빛처럼 쑥스럽지만
우리 형제의 가슴 속에서
민족의 대지 위에서
언제나 타는 소망
흘리는 눈물입니다

슬픈 눈물입니다
그러나 통일 그대 이름은 언제나
기쁜 눈물입니다
감격의 눈물입니다
통일은!

제4부

창조자 하나님 예수

크리스마스

세계 역사가는 연대를 표시할 때 BC AD 주전 주후로 나눈다 그것은 예수가 태어나신 날을 기점으로 전과 후로 나누는 것이다 창조자 주인의 아들이기에 우주 세상 역사의 예수는 중심인물이다 올해가 주후 AD 2013년 12월 25일 벌써 2013번째 생일이다 우리의 중보자로 오신 예수의 생일로 세계와 세계인은 크리스마스 트리에 동방박사가 발견한 반짝이는 별처럼 예수 오심을 기뻐 별을 달고 불을 밝혀 축하한다 가난한 자 소외되고 약한 자를 위해 오셨다 예수로 인하여 사람의 죽은 마른 뼈도 심장도 영혼이 살아나는 날이다 모든 미움과 죄를 풀고 꽃으로 피는 날이다 이런 구원자 예수가 태어났기에 세계는 기뻐한다 새해 2013년도 나무에 달린 예수를 쳐다보는 자마다 죄를 용서받고 구원을 받을 것입니다 세계의 예수 탄생 축하는 내년 후년도 영원할 것입니다 그가 영원이기 때문입니다

세계여 창조된 온 만물들이여
기쁜 크리스마스입니다
메리 크리스마스입니다!

예수 덕에

태초에 하나님이

사람을 창조해 만들었으나 사람은 만든 창조자 주인의 말을 듣지 않고 제 생각대로 마음대로 제 길로 갔다 제 길로 간 인생들은 죄를 짓고 악한 죄 속에서 살아간다 이렇게 더럽고 악하게 살라고 사람을 창조하고 천지만물을 만들어 준 뜻이 아닌데 말이다 창조자는 결국 어쩔 수 없이 더럽고 악하게 죄 짓는 사람을 위해 한 번에 깨끗이 용서해주는 길을 찾았다 그래서 특별히 창조자의 영을 넣어 처녀 몸을 빌려 죄 없는 아들을 만들었다 그리고 죄를 짓는 사람 속에서 그들로 하여금 맞고 찢기고 피 흘려 죽게 했다 그래서 그 아들이 죽었다 그래서 제 맘대로 가 온갖 죄 짓는 악한 인생들은 창조자께 용서를 받게 된 것이다 내가 죄를 져 내가 맞고 피 흘리고 죽어야 하는데 내 대신 창조자 아들이 대신 맞고 죽게 된 것이다 그 아들 이름이 바로 그 유명한 예수다 예수다 예수 때문에 그 아들을 믿으면 믿으면 대신 매 맞지 않고 거저 용서 구원을 받게 된 것이다 또 그 아들을 창조자의 영으로 만들었기 때문에 성령도 믿는 자에게 선물로 주셨다 결국 예수는 사람의 죄 때문에 대신 죽게 됐고 사람은 그 예수 덕에 용서 구원을 받게 된 것이다 사람을 만든 창조자로서 사람이 그릇 악하게 행할 때 얼마나 괴롭고 걱정되셨으면 아들을 통한 길을 방법을 찾으셨을까 만든 창조자는 부모 심정보다 더 괴롭고 힘드셨을 것이다

그가 채찍에 맞음으로 우리가 나음을 입었도다
우리 죄악을 그에게 담당시키셨도다
창조자의 말씀이다

예수 중보자

창조자 하나님께서

우주만물 사람까지 다 만드신 후 또 얼마나 후속 뒷일이 많으셨을까요 하나님의 영으로 아들 예수를 만들어 사람 죄로 대신 죽음을 치르게 하신 후에 네가 하나님의 아들이냐 채찍으로 때리고 피 흘려 죽게 한 자들 앞에서 직접 예수를 살리시어 내 아들임을 입증시키시고 또 그들이 보는 앞에서 하나님 품으로 데려가셨다 또 하나님은 사람이 하나님께 기도 간구할 때 아들 예수 이름으로 구함으로 구한 것을 받게 하셨다 하나님은 그렇게 하나님과 사람 사이 필요한 일들을 아들 예수를 통해 중간 중보자로 일을 맡기셨다 마치 아버지 창업자가 자기 일을 아들을 통해 일을 맡기듯이 말이다 또 창조자는 이 생에서 살 때뿐 아니라 사람이 죽어 이 땅을 떠날 때도 엄중한 심판도 아들에게 다 맡기셨다 그러니까 창조하신 하나님은 모든 권한을 다 아들에게 주셨다

예수는 그렇게 창조자 하나님과 사람 사이 중보자로 일하신다 창조자 하나님은 언제 또 무슨 필요에 의해 중보자 아들을 또 이 세상에 보내실지 모른다 그땐 세상의 종말일지도 모른다 두려운 말이다 하늘로 물과 햇볕으로 기르시던 사람을 이제 다 끝내는 심판을 위해 아들 예수를 또 보내실지 모른다는 말이다

그런데 아직도 예수를 모르고 구원 장소에 도착하지 못한 사람들이 있다 빨리 예수 품에 안착해야 한다 신랑을 기다리는 신부처럼 꽃등에 기름을 채우고 준비하고 있어야 한다 종말이 도둑처럼 언제 올지 모른다고 했다 빨리 이렇게 전할 때 예수께 가야 한다

예수 품에 안착해야 한다 그분을 섬기는 몸된 교회로 가야 한다 지옥은 슬피 울고 이를 가는 무서운 곳이다 한 번 들어가면 못 나온다 빨리 창조자 아들로 대신 맞아 죽고 구원의 길을 열어 준 그 예수

그 귀한 중보자 예수를 빨리 만나십시오!

벤허

벤허 왜 허둥대십니까
어머니를 찾아 헤매십니까
우연히 산에서 예수 설교를 듣고 계시는군요
예수를 친구처럼 찾아다니시더니
벤허 예수 얼굴의 신비한 빛을 보셨군요
벤허 결국 가슴의 울분을 치료 받으셨군요
당신을 치료해 준 예수를 보십시오 지금
십자나무를 등에 지고 피 흘리며 지쳐서 쓰러지고
질질 끌려가고 있습니다 네가
하나님 아들이냐 채찍하고 있습니다
가시가 머리를 찔러 피가 질질 흐르고 있습니다
십자나무에 예수는 죽었습니다
벤허 예수가 가엾으십니까 울지 마세요
다시 오신 예수를 보셨잖아요
그는 하나님이 사람 위해 중보자로 보낸
아들이기에 다시 살리셨습니다

뉴엘리어스여,
하나님 없다
저주하고 외치고 싶어 읽던 성경인데
그 성경에서 당신은 하나님을 만났잖아요
그리고 벤허를 썼잖아요 눈물을 닦으세요

일어나세요
일어나 뛰세요 예수를 향해!
그대는 예수와 친구 성령을 얻었습니다
멋진 사나이 벤허
찰톤 헤스톤
천국에서 만나요
벤허!

창조자의 기쁨

사람에게 〈네가 모태에 있을 때 내가 너를 조성하여 지었나니〉 창조자의 말씀이다 엄마가 배 속에 손을 넣어 만들었다는 게 아니다 창조자는 사람을 만들 때 맨 위에 머리 얼굴을 놓고 온몸을 보게 하고 먹고 듣고 호흡 지시하고 움직이게 했다 목을 꽂아 좌우 위 아래를 돌게 하고 그 아래 몸통을 만들어 피가 돌고 심장 소화 분비케 하고 양쪽 팔 둘과 손가락 다섯을 만들어 일하며 살게 했다 다리 둘로 걷게 만들고 두 발가락 다섯을 만들어 받쳐주게 완성했다

땅은 마른땅 진땅 갯벌 지진 사막 사람도 말하는 사람과 못하는 사람 각양 모양 피부 목소리 성격으로 꽃도 각양 모양 색으로 동물 물고기도 각양 모양 색으로 식물 곡식도 여러 가지로 기온도 낮고 높게 사계절을 아름답게 변화주고 빈 하늘엔 구름을 띄우고 어둔 밤엔 반짝이는 별을 띄웠다 심지어 하늘과 땅 사이조차도 날개를 달아 각종 크고 작은 새가 날게 채우셨다 이런 동식물 만물들을 키우기 위해 세상엔 안 밖 공기를 가득 채우고 하늘로 선 비를 주고 태양을 주고 어둔 밤엔 만물을 쉬게 했다 또 사람과 땅의 산 바다 동물로 낳고 죽고 낳고 죽고 번식하며 사람이 일하며 다스리며 그들을 통해 먹고 살게 했다

오늘도 별이 뜨고 창조 끝까지 낮 밤 해와 달이 우주를 돌며 새날 새해를 준다 이렇게 위에서부터 땅 끝까지 창조자는 만물을 가득 채우고 보기에 심히 좋았더라 기뻐했다

또 창조자는 이렇게 다 만든 후에 사람에게 꼭 필요한 것들 〈이렇게 살라〉 사람에게 가르침을 주셨다 교과서다 그것이 바로 성경이다 그래서 사람은 지으신 자의 말씀 진리로 산다 사람이 구성한 나라에도 법 가르침이 있듯이 만물 창조자도 교과서를 주시어 각양의 사람들을 예를 보여주며 가르침 주셨다

특히 아들 예수를 보내 창조자와 사람 사이 중보자로 큰일들을 맡기고 또 사람에게 창조자를 알리고 또 사람이 어떻게 살았나 결산 엄중한 심판 지옥 천국이 있음을 알리셨다 〈뉘기에 감히 지음 받은 자가 지은 자에게 이같이 만들었느냐 힐문하겠느냐〉 창조자의 말씀이다 〈나는 빛도 짓고 어두움도 창조하며 평안도 짓고 환난도 창조하나니 나는 여호와라 이 모든 일을 행하는 자니라〉 하셨다 때문에 창조자는 세상의 시작하고 끝이 되신다

그러므로 자녀가 낳고 키워 준 부모께 감사하고 기쁨을 드리고 하는 것이 마땅하듯이 이렇게 창조하여 물과 햇볕으로 사람을 먹고 마시며 기르신 창조자 하나님께 감사와 영광을 드리는 것은 마땅한 것이다 그래서 창조자는 내가 사람에게 영광받기 위해 창조했다 하셨다 창조자만이 당당이 요구할 수 있는 말이다

창조자의 운행

창조자가 천지를 만들 때

빛과 어둠을 나누고
빛을 낮이라 칭하시고
어두움을 밤이라 칭하시니라
저녁이 되며 아침이 되니
이는 첫째 날이라

만든 창조자의 말씀이다
이 세상에 이런 말을 누가 할 수 있으랴
만든 자 창조자만이 할 수 있다 그러니 매일
한순간도 쉬지 않고 시간이 간다 낮이 가고 밤이 오고
또 아침이 온다 움직인다 시간이 움직이면서
땅 끝 풀뿌리부터 중간 대기온도 하늘 끝 해 달 별까지
천지만물이 계속 움직이고 그러면서 또 새해가 온다
움직인다 움직이는 창조자의 운행을 본다
창조자 주인은 그렇게 만든 땅의 국가도 복안대로 통치
한다

천지만물을 내가 하루하루 이렇게 만들었다
자세히 설명하고 내가 창조했다 말하신 분은 세상에
단 한 분이다

창조자 하나님이다!
아니라고 하는 자여 그럼 당신이 만들었습니까
대통령 유엔총장이 아침 해를 만들어 하늘 위로 끌어올리고
밤엔 어둡게 달을 끌어올립니까 지구를 돌립니까
당신이 별 하나라도 만들 수 있습니까
꽃 하나 피울 수 있습니까
공기 한 줌 만들어 우리를 숨 쉬게 할 수 있습니까
창조자가 만든 우주를 사람은 연구한다
과학자는 신의 입자를 찾았다고 하지만
지음을 받은 피조물 사람이 어찌 만든 창조자 비밀을 알리오

당신은 그의 깊은 고백 창조의
이사야 창세기 성경을 읽어봤습니까
읽으면 당신은 그 신묘막측함 창조자를 붙잡고 울부짖을 것이다
살아서 당신을 알고 있는 창조자께 영혼은 통곡할 것이다
더 늦기 전 창조자를 만난 것을 감사할 것이다
오늘도 창조자는 기온을 낮춰 겨울을, 기온을 높여 꽃을 만든다
공기는 동서양 세상 우주에 충만하다
그것이 만물 창조자의 운행이다
창조자는 쉬지 않는다

교회 다니는 즐거움

일요일 주일날 아침

처음 교회 나가면 문 앞 안내하는 분께 처음 왔다고 말하고 이름을 등록해야 한다 사람은 처음엔 어딜 가나 서먹하다 그러나 두 번 되면 편해진다 잘 다니면서 1년쯤 되면 학습과 세례를 받아야 한다 특히 교회는 하나님 예수 이름으로 모이는 곳이다 그래서 가난하든 부자든 술 담배를 하든 안 하든 또는 무식하든 유식하든 외국인이든 사람이면 누구든 다 갈 수 있는 곳이 교회다 무슨 죄를 졌다면 하나님께 혼자 앉아 진심으로 고백 용서를 구하면 용서를 받을 수 있다 또 살면서 무거운 고통 아픔 소원 꿈이 있어도 창조자 하나님께 진심으로 도움을 요청기도 할 수도 있는 곳이 하나님 앞 교회다 그래서 하나님은 무거운 짐 진 자들은 내게 오라 내가 편히 쉬게 해주겠다 말씀하셨다 또 교회는 여러 공동체가 모여 주 안에서 어울리는 곳이다

어린 유치부 초등 중고등 대학 청년 중년 노년 부서가 있어서 그들끼리 같이 모여서 활동하고 교제할 수 있는 즐거움이 있다 또 내가 원하면 그곳서 일 봉사도 할 수 있다 또 내가 사는 지역의 구역모임도 있어 구역식구들 교제도 일주일 한 번씩 가질 수 있다 또 국내 사회 봉사도 있고 해외 봉사도 있고 교회마다 다양한 프로그램이

있어 나도 어디든 들어가 같이 참여할 수 있는 즐거운 유익한 시간이 있다 또 좋은 짝을 만나면 결혼도 할 수도 있다

또 점심도 먹을 수 있다 교회마다 차이는 있지만 하나님 집에서 교우들과 식사하는 즐거움은 또 다른 밥먹기 즐거움이 있다 또 여러 경조사를 당해도 혼자 외롭지 않게 교우들이 찾아주고 위로 격려로 따듯한 마음을 나누고 큰 힘을 얻을 수 있다 외롭지 않다

그렇게 교우들과 함께 신앙생활 속에서 지내다 보면 어느새 내 마음에 평안이 생기고 건강이 좋아지고 생활 형편이 나아지는 조용한 축복을 알게 될 것이다 또한 절제력 이해심 사랑 따듯함 내 성품이 변하고 가치관이 달라지는 것을 알게 될 것이다 좋은 성령의 사람으로 세상의 강하고 담대해질 것이다

그리고 죽어선 심판 받지 않고 천국으로 간다 예수를 믿는 것 단 한 가지 믿음의 이유 때문이다 그것이 하나님의 사랑 은혜다

이 모든 축복 즐거움은 하나님 예수를 믿음으로 교회를 성실하게 다니는 사람들에게만 속한 얘기다 그 믿음의 순종한 자들에게만 주는 즐거움 즉 하나님을 찾는 자들에게 주시는 하나님의 상이다!

예배

예배는 창조하신 하나님에 대한
한마디로 경외심을 드리는 시간이다
그러니까
창조자를 생각하는 시간이다
세상만물을 사람이 살 수 있도록 다 만든 후 마지막
사람을 만들어 땅 우주에서 먹고 마시고 누리도록 하신 것에
감사하는 시간이고 그런 창조자의 뜻이
세상에 대해 내게 대해 무엇인가 배우는 시간이다
목사님을 통해 성경 교과서를 쉽게 이해할 수 있도록
듣는 시간이 예배다

건성으로 마지 못해 딴생각하며 예배드리면 안 된다
사람을 만든 창조자시기에
내 생각과 앉고 서는 것을 아신다
내 머리털 수도 알고 계시다

때문에 나를 아는 하나님 앞에 짧은 한 시간이지만
신령함 진정함으로 하나님께 예배드려야 한다
그래야 하나님이 기쁘게 예배를 받으신다
창조자 주인 하나님과 함께하는 너무도 존귀한 시간이다
그것이 예배다

첫째 먼저 당신은 이렇게
하나님께 예배 없인 하나님과 절대 가까워질 수 없다

예배는 당신이 하나님과 가까워질 수 있는
친해질 수 있는 유일한 비밀
첫걸음이다
첫걸음이다

기도는

기도는 창조자 하나님
주인께 능력의 도움을 요청하는 것이다 사람을 만드셨기에 사람의 연약함을 아신다 그래서 창조자는 무거운 짐 진 자들은 내게 오라 또 구하라 하셨다 때문에 믿고 의지하고 구하는 것이 기도다

혼자 조용한 곳에서 집중을 위해 눈 감고 아버지 어머니께 편하게 말하듯 하고 싶은 말들 고민 취업 건강 결혼 바라는 꿈 등 무엇이든 진심으로 도움을 요청 구하는 것이다 나만이 아는 죄 문제도 진심으로 용서를 구할 수 있다 겸손히 창조자께 무릎 꿇고 기도하고 끝날 땐 하나님의 아들 중보자인 〈예수님의 이름으로 기도합니다 아멘〉으로 마무리하면 되는 것이다

귀를 지으신 자가 듣지 아니하시랴
눈을 만드신 자가 보지 아니하시랴 창조자의 말씀이다 기도는 하나님과 대면 만남이기 때문에 기도는 매일 꾸준히 할수록 하나님과 가까워짐을 알 수 있다 특별한 능력을 주시기도 한다

교회도 안 나가면서 하나님을 믿지도 않으면서 응답을 받을 순 없다 교회 이름을 등록하고 충실히 교회 나가고

성경도 읽는 사람에게 기도는 응답한다 아직 영적으로 하나님이 그대를 모르는데 어찌 주시겠는가 하나님을 믿고 따르는 자에게 해당되는 말이다 기도는 무에서 유를 만든 창조자께 구하는 것이므로 기도는 큰 능력이 있어 기적을 보여 주시기도 한다 구하는 자에게 맞게 천천히 당장 주시기도 한다 귀를 만드시는 분이 들으시는 것이 기도다

고통 중에 있을 때

고통
환난 날에 나를 부르라
내가 너를 건지리라

두려워 말라 내가 너와
함께 함이라 놀라지 말라
나는 네 하나님이 됨이니라
너를 굳세게 하리라
참으로 너를 도와주리라
참으로 너를 도와주리라

땅끝까지 만드신
창조자 하나님의 말씀이다 하나님은
당신의 고통을 압니다 도와줍니다
창조자 하나님께 구하십시오
얻을 것입니다
구하십시오!

내 부모에게

네 부모를 공경하라
그리하면 너의 여호와가
네게 준 땅에서 생명이 길리라

너는 센 머리 앞에 일어서고
노인의 얼굴을 공경하며
너의 하나님을 경외하라

사람을 만들고 땅을 만들어 준
창조자 하나님의 말씀이다

자녀 앞에서 부모에게 시간과 용돈을
얼마나 드리셨습니까
성묘를 얼마나 같이 다니셨습니까
자녀는 부모를 보고 자라고
무모를 추억하고 배운다
당신도 늙어 그대로 받을 것이다

네 부모를 공경하라 창조자의 명령이다!

자살

살인하지 말라!

사람을 만든 창조자 주인의 명령입니다 그런데 왜 창조자가 만든 사람을 당신이 죽입니까 당신이 당신을 죽이면 당신이 사람을 죽인 살인자입니다 부자는 부자대로 사는 어려움이 많습니다 가난한 자는 가난해서 힘이 듭니다 가족이 있어도 있는 대로 문제가 많습니다

혼자는 혼자라서 더 어려움이 있습니다 이 세상 근심 걱정 문제 없는 사람은 없습니다 자살하는 것은 마귀짓입니다 그것은 창조자 하나님이 사람의 행복을 위해 만든 가정 기쁨 인생을 파괴시키려는 마귀짓입니다 죽어라 죽여라 마귀의 꼬드김입니다 함정입니다 마귀가 하는 일은 부모 자식 간이라도 사람 틈에서 행복을 찢어놓고 병을 집어넣고 죽이고 망하고 불행하게 하는 것이 본업입니다 하나님 반대로만 하는 것이 마귀입니다 그러니까 넘어가면 안 됩니다 마귀는 약한 사람만을 찾아갑니다 담대하십시오 그래서 마귀 귀신은 굿을 해도 목사나 하나님을 잘 섬기는 사람이 있으면 굿을 못 합니다 참신 하나님의 사람이 있는 줄 귀신이 더 잘 알기 때문입니다 그러니 담대하십시오 하나님 아들 예수도 마귀가 꼬드겼지만 함정인 줄 알고 담대히 이겼습니다 마귀를 이겼습니다 마귀를 이기십시오!

마귀를 이긴 사람에겐 하나님이 주시는 큰 축복이 있습니다 마음의 평안을 주시고 살면서 당신을 도와 주시고 죽은 사후도 심판 받지 않고 하나님의 집 천국을 갈 수 있습니다 그러나 자살자는 축복도 날아가고 자살했으니 용서받을 기회조차도 없습니다 도리어 지옥심판이 기다립니다 꺼지지 않는 뜨거운 불꽃 속 물 한 방울 혀에 묻힐 수 없는 뜨거운 불꽃 지옥으로 갑니다

자살은 살인죄입니다 살인하지 마십시오
감히 창조자의 권위에 도전하는 행위를 합니까
창조자께서 결코 용서치 않습니다
용서치 않습니다
자살하지 마십시오!

(가까운 교회 목사님을 찾아 상담해 보십시오)

지옥을 말한다

우리 피부는 불에 타면 죽는 것이다 종이가 다 타면 재가 되는 것처럼 손을 불에 데어 본 사람은 금방 피부가 달라지는 것을 알 것이다 지옥은 그냥 뜨거운 불속이다 지옥은 불꽃이 꺼지지 않는 곳이고 그 뜨거운 불꽃 고통 속에서 그냥 지내는 것이다 이젠 죽어 심판 받아 지옥으로 온 것이다 기회가 끝났다 지옥이 좋으면 지옥이 아닐 것이다

어느 부자가 죽어서 음부 지옥에 왔는데 자기 집 앞에 앉아 구걸하던 거지 나사로가 저 멀리 좋은 천국에 아브라함과 편히 있는 것을 봤다 얼마나 부러웠겠는가 그래서 지옥에 있는 부자가 아브라함에게 부탁을 했다 나를 긍휼히 여기소 나사로를 시켜서 그 손가락 끝에 물을 찍어 내 혀를 좀 서늘하게 해달라 했다 매일 얼마나 뜨겁고 고통스러웠으면 그랬겠는가 그러나 거절당했다 그래서 이번엔 또 다른 부탁을 했다 나사로를 살아 있는 세상에 보내 내 형제 다섯이 있는데 이 고통스런 지옥을 증거하게 하여 지옥에 오지 않게 해달라 부탁했다 그러나 또 거절당했다 그 당시 살았을 때 창조자 하나님 예수 천국 지옥 심판을 전도할 때 듣지 않았으니 나사로를 보내 증거한다 해도 듣지 않을 것이다 했다 이미 심판받아

지옥에 왔는데 이쪽 저쪽 건너갈 수가 없다 이미 끝났기 때문이다 예수는 이런 지옥 고통을 알기에 한 영혼이 천하보다 귀하다며 이 기쁜 소식 복음을 전하라 하셨다 대통령도 장관도 재벌도 아무 소용없다 창조자 심판자 앞에서 살면서 하나님을 부인하고 또 지은 많은 죄 엄중히 심판받을 피의자일 뿐이다 어떤 부모도 자식 형제 지옥 가길 바라지 않을 것이다 서로 이 복된 소식을 전해야 한다

지금 이렇게 전할 때 받아들여야 한다 기회를 잡아야 한다 하늘 땅 만물을 창조하시고 죽은 후도 천국 지옥 심판까지 마무리하시는 사람의 주인 창조자 하나님을 전할 때 믿어야 한다 빨리 하나님의 몸과 같은 교회 나가 이름을 등록하고 성령 받아야 한다 그것을 창조자 아들 예수를 믿음으로 구원받았다 한다 심판받지 않고 천국 간다 지옥이 얼마나 고통스러우면 예수께서 내가 행하는 기적들 귀신이 항복하는 것을 보고 좋아하지 말고 네 이름이 하늘나라에 기록된 것을 기뻐하라 했겠는가 심판 지옥을 알았으면 전할 때 지금 교회 이름을 등록해야 한다 지금 전할 때 가야 한다 지금이다!

길꽃 남자

길꽃 남자는
곧 예수다 예수
그 산 이름 앞에 모두가 불꽃처럼
이끌린다

그는 창조자 하나님으로 대신 산 사람으로
여기에 왔다
사람과 우주를 만든 창조자 주인이다
그래서 그는 사람을 너무나 잘 안다
나도 알고 그를 모르는 당신도 안다

당신이 지은 죄의 용서가 되어주는 길
당신 인생 삶의 진리가 되어 주는 길
당신 심판에서 천국 생명이 되어 주는 길이 된다
그 산 이름 예수!

그래서 예수는 따듯한 낮에도 추운 겨울에도
당신 인생 앞에서 아낌없이 서성인다
당신 깊은 영혼 앞에 아낌없이 서성인다
당신과 아낌없이 따듯한 만남을 원한다

그토록 아름다운 예수
그 길이 되는 구원의 이름
예수 예수 사람의
길꽃 예수다

제5부

신의 손

신은 장미꽃에만 있는 것이 아니다

빨간 장미꽃
너는 가장 아름다운 빨간 선 하나로
다른 꽃들을 모두 이겼다
그러나 신은 장미꽃에만 있는 것이 아니다
사람들은 아름다운 장미 너만을 선택하지 않는다
사람들이 꼭 장미만을 선택하지 않는 것처럼
사람들은 꼭 힘만을 선택하지 않는다
때문에 다른 꽃도 동등하게 선택 받으며
저만이 가진 꽃 같은 재능으로
빛나며
저만의 최고의 가치를 누린다

하나님의 이벤트

아직 초겨울
몸 녹이고 저녁에 밖에 나와 보니
깜짝 깜짝이다

온통 전체가 하얀
눈밭
하얀 눈밭이었다

깜짝이다 황홀한 감탄
황홀한 낭만이
어느새 하얗게 몰래 내려와 있었다

하나님의 이벤트였다

하나님은 사람에게도 놀라운 깜짝
이벤트를 보여 주신다
하나님을 찾는 사람 가까이하는 사람에게
문제를 해결 기적을 보여주신다
하얀 눈밭보다 더 큰 깜짝 이벤트를 보여주신다
오 놀라우신 하나님!

하늘은 살리고 죽이는 무기다

저 높은 파란 하늘 하나님은
나는 하늘에 있다 하셨다 아들 예수도
사람들이 보는데 하늘로 올라가셨다
주기도문에도 하늘에 계신 우리 아버지라 했다
너무도 거룩하고 두려운 하늘이다
저 높이 피조물이 범접할 수 없는 곳이다

하늘엔 땅에 생명 있는 사람과 동물 식물 만물을 살리는 주권이 다 하늘에 있다 일할 수 있는 밝은 낮이 오고 잠을 주는 어둔 밤도 하늘에 있다 캄캄해도 하늘이 있음을 알리고 안심을 주는 달도 별도 하늘에 있다 먹고 마시는 양식을 키우는 비와 익히고 식히는 열도 다 하늘에 있다 기온을 낮춰 겨울 눈발도 기온을 높여 여름 햇볕도 하늘에서 온다

그러니 하늘은 생명 있는 땅의 사람과 동물 식물 만물을 죽이고 살리는 무기다 그 모든 주권을 하늘이 갖고 있다 사람이 만든 무기는 무기도 아니다 핵도 탱크도 하늘에서 비가 두 달만 계속 쏟아지면 다 물에 잠기고 사람도 물에 넘쳐 죽을 것이다 또 비가 두 달만 계속 안 와도 다 죽을 것이다 또 낮 없이 일주일만 밤이 계속된다면 또 밤 없이 일주일만 낮이 계속

된다면 사람은 두려움 공포에 떨며 파랗게 질식해 스스로 죽을 것이다 그땐 창조자 하나님을 가르쳐 주지 않아도 하늘 쳐다보고 하나님을 찾을 것이다 그땐 지옥도 인정할 것이다

하늘의 창조자 하나님이 모든 주권을 다 가지시고 사람을 살리기도 죽이기도 하신다만 인생들이 창조자를 알고 그 아들 예수를 만나고 순종 기쁘게 살기를 기다릴 뿐이다 때문에 하나님은 〈만물을 지은 창조자를 경외하는 것이 사람의 본분이다〉 하셨다 또 하나님은 우주 만물 물고기까지 사람에게 다 맡기시고 사람을 통해 하나님 뜻을 이 땅에서도 이루시길 원하신다 그래서 창조자 하나님은 사람에게 이렇게 기도하라 가르쳐 주셨다 〈하늘에 계신 우리 아버지여 이름이 거룩히 여김을 받으시오며 나라가 임하시오며 뜻이 하늘에서 이루어진 것 같이 땅에서도 이루어 지이다〉 가르쳐 주신 이 기도를 통해 창조자의 원함이 무엇인지 알 수 있다 창조자 하나님은 오늘도 천하 만물의 주권을 손에 쥐고 창조자의 뜻이 이 땅에서도 이루어지길 원하신다 하늘은 매일 무서운 무기다

재능은 그대를 기다린다

메마른 산에 없는 듯 숨은 듯 서 있는 나무 그 나무가 목이 마르다 나뭇잎은 자기 아래 나뭇잎에게 수분을 요청했다 아래 나무도 목이 말라 또 아래 나뭇잎에게 수분을 요청했다 아래 나뭇잎도 목이 말라 뿌리에게 요청했다 뿌리는 수분 영양을 주어 푸른 나뭇잎을 키우고 붉은 꽃을 피우고 좋은 열매를 맺게 했던 것이다

사람에게도 누구에게나 없는 듯 숨은 듯 보이지 않는 뿌리 같은 타고난 재능이 있다 신이 깊이 심어 놓으셨다 이 세상 살 때 먹고 사는 데 필요한 재능을 주신 것이다 그 재능은 푸른 나뭇잎이 되고 붉은 꽃이 되고 크고 좋은 열매가 된다 당신 속 그 재능이 찾아 주길 바란다 목이 마르기 때문이다 수분이 원하기 때문이다 영양을 기다린다 간절히 그대에게

재능은 그대에게 수줍게
꽃이 되길 바라고
큰 영광이 되길 바란다

허전함 공허함

허전합니다 뭔지 모르게
가족이 있고 건강합니다
집도 있고 돈도 많고 명예도 있습니다
친구도 많습니다 나는 성공한 인생입니다
그런데도 늘 어딘가 내 가슴 한 구석에
채워지지 않은 허전함 공허함이 있습니다
또 늘 마음이 불안하고 평안이 없습니다

내가 태어나 보니 아버지가 김씨여서 김씨인 것처럼 사람 자체를 만든 분 창조한 분이 계십니다 그분이 하나님이십니다 하나님이 사람을 흙으로 만든 후에 사람 코에 하나님이 자기의 생령 혼을 호 불어넣어 만들었기 때문에 흙이 살아나 숨을 쉬며 뛰어다니게 되었습니다 또 사람을 죽게 만들었다 했습니다 또 죽을 땐 만들 때 호 불어넣은 것을 휴 토해내 숨이 끊어지게 했고 만든 재료 흙 한 줌으로 그대로 돌아가게 되었으니 어찌 만들어진 피조물 사람이 하나님 창조자가 없이 잘 살 수가 있겠습니까 당신 속에 그 창조자 존재를 가지십시오 그분을 품으십시오 그러면 늘 허전함도 허무도 없어집니다 내 영혼 죽음에도 목표가 생깁니다 그분과 함께하면 세상의 돈

권력이 주는 평안과 다른 평안을 얻을 것입니다
영원히 목마르지 않다 했습니다 그분과 함께하면
당신은 실상은 부유한 자가 될 것입니다 허무하지도
않고 불안하지도 않고 평안이 생수처럼 흐를 것입니다

여름이 하는 일

한여름 8월 36도 찜통더위 가만있어도 땀이 흐른다
땀으로 목이 따갑고 열대야로 등이 뜨거워
잠 못 이루는 밤 연약한 인생
출생부터 사람은 이 여름과 함께한다
이 숨 막히는 무더위가 언제나 가나
못 살겠다 괴로운 폭염
그 여름이 높으신 하늘로부터 또 왔나니
사람은 그러면서
독수리 새끼처럼 창공을 나는 극복의 힘을 키우나니
여름은 또 오고 또 와서 연약한 인생 힘줄에
뜨겁게 담금질을 해주고 여름은
그렇게 제 일을 하고 가고
사람은 그 힘으로 또
인생 승리를 한다

사람의 상처

우린 사람을 서로 반갑게 만납니다
서로 잘 알고 지냅니다
그러나 어느 날 꽃이 피었지만
어느 꽃은 쉽게 찢기고 꺾입니다
빠르게 상하고 밟힙니다
사람도 꽃처럼 가을 낙엽처럼 닮았습니다
쉽게 찢기고 꺾이고 밟힙니다
그러나 우리에겐 신이 준 태양이 있습니다
태양은 누구에게나 공평하게 따듯합니다
칼추위도 녹이는 태양입니다
꽃을 만드는 태양입니다
우리의 찢기고 꺾인 상한 마음을 태양시간은 말려줍니다
치료합니다 새 힘을 줍니다
그건 엷어지는 망각입니다 하늘이 준
망각은 다시 망각 위에서 독수리 같은 새 힘을 세워줍니다
다시 힘찬 새 꽃 둥지를 만들어 줍니다

태양은 결코 상한 사람을 떠나지 않습니다
신은 결코 상한 사람을 떠나지 않습니다

또 새해를 주는 신의 이유

인생에게

또 새해를 주는 이유
　풍족한 물을 찾으라는 것
또 새해를 주는 이유
　튼튼한 뿌리로 뻗어
또 새해를 주는 이유
　단단한 봉우리를 만들고
또 새해를 주는 이유
　빨간 꽃 활짝 피우고
또 새해를 주는 이유
　맛있는 열매를 만들라는 것
또 새해를 주는 이유
　모두에게 행복하라는 이유
또 새해를 주는 이유
　죽음을 따듯이 준비하라는 것

또 새해가 있기에
　오기에
당신은 성장하고
　인생을 완성해 간다
또 새해를 주는 신의 이유

혜자 언니

혜자 언니는 세 언니 중 둘째다 어쩌다 잠잘 때 하마 같다 해서 별명이 하마였다 시집가서 수십 년 앙 시부모님 80 넘어까지 병 수발하며 모시고 살았다 시부모 잘 모신 착한 며느리로 동네서 칭찬이 자자했다 이젠 돌보기 힘든 손녀를 두 번째 봐주고 있다 헌신적이고 부지런한 마음 곧은 언니다 예수님을 닮은 언니다

그런 혜자 언니는 결혼해 떨어져 사는 동생 다섯에게도 마치 곁에 있는 동생 돌보듯 살핀다 이사를 해도 몸이 아파도 집안 경조사에도 돈이 필요하다 해도 외면하지 않고 늘 손을 잡아준다 먼 길이라도 찾아와 들여다보고 격려로 힘이 되어 주고 간다 무슨 안 좋은 말을 들어도 몸이 힘들어도 감정이 없는 사람 같다 형제 험담을 싫어하고 아니다 덮는다 그런 모습이 세월이 흘러도 변함이 없는 혜자 언니다 그러고도 동생들에게 감사 대가를 싫어 한다 삶 속에서 그런 착한 행실은 모든 이들 마음에 좋은 덕으로 쌓여지고 있다

험한 갈등의 시대에도 늘 그렇게 변함이 없는 혜자 언니가 존경스럽다 늘 든든하고 고마운 언니다 형제간 누구나 이런 언니를 좋아하고 원할 것이다 사람 속엔 진정한 사람이 있고 진정한 언니가 있다

구름은 신의 그림

세상의 아무리 위대한 그림이라 해도
파란 하늘만큼 큰 화폭은 없다
하늘의 구름만큼 위대한 그림은 없다
그만큼 많은 신비한 각양의 그림을 그릴 수가 없다

토기가 되기도 하고 흰 백합이 되기도 하고 펼쳐진 지도가 되기도 한다 그토록 신비한 색깔로 빨리 그림을 그릴 수가 없다 파란색 흰색 회색 검정 빨강 노랑 혼합색으로 또 아침 태양이 뜰 때 태양이 질 때 그 시뻘겋게 타는 황홀한 혼합된 붉은 태양 그 아름다움은 어떻게 말할 수 있을까 어느 사람이 수억 년의 태양을 아침저녁 변함없이 저렇게 그려낼 수 있을까 하늘의 온갖 것은 만물을 만든 창조자가 그리는 그림이기 때문에 가능하다 수억 년 사람이 그렸다는 말을 듣지 못했다 사람의 위대한 그림은 세계 사람이 다 볼 수가 없다

그러나 하늘의 온갖 것은 세계 사람이 다 볼 수가 있다 사람을 만든 창조자는 구름으로 자기 백성이 덥다 짜증 낼 때 시원한 그늘로 만들어 주기도 하고 비가 안 와 목마를 때 비를 내려 주기도 한다 창조자는 자기 백성을 사랑한다 구름은 오늘도 사람을 위해 신묘막측한 그림을 그리고 있다 이 청명한 가을 날 신의 손은 흰 구름 한 조각을 잘 익은 빨간 감들 위에 얹어 놓았다 솜처럼 가볍게

이사를 한다

사람은 살면서 이사를 한다
계절도 봄에서 여름으로 이사하고 가을로 이사한다
먼저 봄비는 토양을 만들어 주고 꽃을 피우고
여름 나무는 열매가 맺고 비를 맞으며
떨어지고 부서져 가을로 간다
사람은 사랑을 가졌을 때 기쁨을 인생의 최고로 안다
그러나 사랑도 이사를 한다 이별한 사랑을 아파하며
아픈 추억 뒤에 또 아침 이슬 같은 사랑을 만난다
다시 이사한 집에서 나는 혼자다
내 생체는 낯선 집 낯선 모퉁이에 웅크리고 있다
이사는 괴로운 것 여기서 언제 또 다른 곳으로 이사를 할까
그러나 아무리 괴로워도 이사도 마지막이 있다
내가 아는 이 땅 위에서 언젠간 내가 모르는 땅속으로 이사하는 날 있으리
땅 깊고 무서운 곳으로 이사하는 날 있으리
들어가면 다신 나올 수 없는 깊고 무서운 곳 그곳은
내 모습이 흙에 녹아 없어지는 곳
이사도 끝이 있으리
지옥이든 천국이든!

물 위에 뜬 하늘 구름

물 위에 뜬 하늘의 하얀 구름덩어리
막대기를 하얀 구름덩어리에 꽂아 끌어 당겼다
그러나 당겨오기도 전 물의 진동으로
구름은 깨지고 사라져버렸다
놀라 하늘을 보니 구름 덩어리는
그대로 하얗게 있었다
사람의
막대기로 될 것 같은 생각들
사람의 불완전하고 잘못된 생각들이
물 위에 쏟아져 있었다

사람은 구름을 당길 수 없다
물 위에 뜬 구름도 하늘에 있는 구름도
사람 목숨도 신이 정한 만큼밖에 살지 못한다
물 위엔 항상 하늘이 뜬다
만든 창조자의 존재와 피조물 사람의 존재를
깨닫게 한다
항상 거울이다

제6부

산다는 것은

한때는 당신뿐이었습니다

한때는 당신이 밝은 대낮같이 나의 빛처럼 바라보던 때가 있었습니다 만나면 즐겁고 또 만나고 싶은 사람 당신 언어는 언제나 힘 있고 용기가 되어 준 당신 따듯한 위무자였습니다 그러나 그 자리엔 언제나 그 별이 아니듯 언제나 머물 수 없듯 당신이 보이지 않습니다

한때는 당신뿐인 즐거운 친구가 있었습니다

한때는 당신뿐인 미친 사랑이 있었습니다

한때는 고마운 이웃 당신이 있었습니다

당신은 지금 어디에 앉아 계십니까

한때는 당신뿐이었던 시간과 한때는 그 당신뿐인 인연이

사람의 인생을 이어줍니다

낮은 계단으로 이어줍니다

높은 계단으로도 올려줍니다

한때는 당신뿐인 당신이 행복의 자리까지도 이어줍니다

한때는 한때는 당신뿐인 당신이었기에 말입니다

한때는 오직 당신뿐인 당신이었기에 말입니다

사진 속 허무

몇 년 전 찍은 벽걸이 사진 그 속엔
금강이 흐른다 작가들이 봄 금강에 배를 탔다
배는 달렸지만 셔터를 힘껏 눌렀다

사진 속에 달리는 배는
금강의 물살이 살진 채 출렁이고 눈부신 햇빛가루가
강을 뒤덮고 있었다
금강 하얀 벚꽃나무들이 산 절벽을 간신이 이긴 채
전등처럼 흔들리며 꽃잎을 금강에 뿌리고 있었다

사진 속을 들여다보며
언제 또 그곳을 가보리
언제 또 그곳을 가보리
지금쯤 이 봄 금강은 얼마나 더 살이 졌을까
얼마나 더 하얀 꽃잎을 뿌리고 있을까

이렇게 잠시나마 너는 너대로 나는 나대로
눈의 깊이만큼 추억으로 남고 상념으로 남는구나
인생은 서로 떠나야 가슴 저리고 그리움으로 남으리
지난 추억이 꽃잎처럼 전등처럼 흔들리며 금강으로 흐르리

사랑할 때

그대가 서 있는 자리에
나도 서 있습니다

당신이 다른 길을 가도
나는 당신의 모습을 따라갑니다

다른 낯선 길을 걸어도
당신의 눈 끝을 바라보며
나는 당신의 옷깃을 만져줍니다

가슴의 깊이만큼
그저 단순하게 진실함으로
진실함으로 당신 곁에 있어 줍니다

나는
당신을 믿어주므로
그대가 서 있는 자리에
나도 서 있습니다

아버지의 낙엽

가을이 가을 속으로 깊이 빠져올 저녁 무렵쯤
아버지는 풍 맞은 다리를 지팡이에 의지한 채 들어오셨다
손에 젖은 낙엽 몇 장을 털어내시며 말씀하셨다
이것 봐라 낙엽들 인생이 이런 거란다 울먹이셨다
떨어져 누워 있는 젖은 낙엽이 자신의 처지처럼 처량하고 아프게 느껴지셨을 것이다 젊어서 뼈 빠지게 일해 사 모은 여러 땅덩어리들이 갑자기 나타난 젊은 신사의 속임에 다 넘어가고 억울해 경찰 법정을 쫓아다니고 그런 충격으로 병을 얻고 몸이 쇠하여지니 가슴이 무너지고 허무하셨을 것이다 사람마다 살면서 어느 정점에서 내가 이렇게 될 줄 몰랐다고 말한다
커다란 호박 넝쿨도 아침에 강풍이 불지 몰랐다
당신과 뜨겁게 사랑할 때 이렇게 이별할 줄 누가 알았으랴 단단한 기업이 파산할 줄 누가 알았으랴 사람은 하루아침에 낙엽이 되어지는 것이 아니다 평탄한 날 뒤에 떨리는 긴장이 오고 고통이 오고 또 쓰러지고 절망하고 울어야 낙엽이 된다
아 슬프다
아버지를 무엇으로 위로할 수 있을까
언제나 순한 사람 틈에 숨어서 뼈를 치고 갉아 먹는 악마여
아버지는 네게 경고한다
너는 스스로 대가를 받으리라 사람들에게 짓밟히고 찢기리라
아버지의 낙엽이 되어 이를 갈며 지옥서 슬피 울리라 악마여
사람 틈에 착한 척 숨지 말고 어서 나와 죄를 고백하라
저 청순한 꽃잎에 마음을 씻어라 그리고 진실된 사람이 되어라
빛 좋은 꽃이 되거라!

어머니 생각

세상에 어머니를 누가 모르랴
우리 어머닌 얼굴이 갸름하고 눈이 큰 쌍꺼풀에
코도 오뚝하셨다 작은 체구지만 언제나 손끝이
야무지고 부지런하셨다 이제 생각하니 자식 일곱에
서로 잘났다 떠들고 서로 요구하고 얼마나 힘드셨을까
정신없다 허리가 휜다 하시던 어머니
얼마나 자식들로 어머니 속이 초토화 됐을까

이제 떠나고 안 계시니 철든 자식
너무나 죄송합니다 어머니 이제야
어머니의 가슴이 얼마나 깊고 크고
따듯한지 알았습니다
이젠 무덤에 가도 이런 깨달음도 알지 못하시는 어머니
눈물로 인사를 해도 알지 못하시는 어머니
이 후한을 다 어떻게 말하겠습니까

살았을 때 잘했어야 하는 것을 왜 이제 알았는지
어머니 죄송합니다 부끄럽습니다
그리고 우리 고마운 어머니
엄마 엄마!
불러 봅니다

제주 여행

제주 하늘은 구름마저도 고요한 섬같이 생겼다
파란 하늘은 더욱 짙게 푸르고 공기마저도 더욱 진하다
파란 바다는 넘실넘실 파란 음악같이 흐른다
파도는 누구를 위해 저리도 바다 끝선까지 춤을 출까
가끔씩 바다는 하얀 살점을 높이 쏘아 큰 바위까지
한을 풀듯 때리고 떨어지고 때리고 떨어진다

넓고 큰 야산엔 놀라워라
바람에 하얀 억새풀이 모두 옷을 벗고
백발의 몸을 흔들어댄다
부끄럼도 없이 깔깔거리며 손님을 맞는다 미쳤을까
한 해 동안 뿌리까지 설움이 밀려와서 그럴까 그렇게
기다려도 오지 않는 그리운 사람이 원망스러웠을까

그러나 억새풀이여 우리도 외롭다
한 해 내내 사랑으로 그립고 흔들리고 고달펐다
그러기에 너를 두고 갈 수 있다 파란 바다를 안고
서울로 돌아간다

〈1박 2일〉이 주는 것

2012년 3월초 아직 봄이 찬데 오늘은 기다리는 〈1박 2일〉이 강원도 정선역에 반갑게 나타났다 언제나 보면 오프닝부터 웃음이 번진다 일주일 내내 시청자들의 좋은 일 나쁜 일 이끼 낀 감정들을 훌훌 털어주는 〈1박 2일〉이다

어딜 가나 아름다운 내 나라 강산 명소 지역 알지 못한 곳을 시원히 보여준다 별천지 박물관엔 그 옛날 선데이 표지가 방긋 웃고 있었고 아우라지 강변엔 처녀 총각의 애절한 사랑 이야기가 흘러가고 있었고 아라이촌에선 콧등치는 국수를 씩씩히 먹는데 침이 고였다 억겁 세월로 생겨난 천연 화암동굴은 유석폭포로 크고 놀랍게도 웅장한 신전을 보여줬다 타임캡슐공원에선 엽기 소나무 앞에서 멤버들의 타임캡슐을 묻고 마지막 스카이워크에서 바라보는 동강의 절경 또한 내 나라 강산 전체를 한번에 바라보는 듯했다 그곳에 하얀 눈이 내리면 철쭉이 피면 단풍이 들면 얼마나 아름다울까? 김승우 엄태웅 이수근 차태현 김종민 성시경 주원 멤버들의 말과 몸짓 재간을 보는 것도 마치 사람 경치를 보듯 즐거운 것을 어찌하랴 어느새 한 시간이 갔을까

KBS 2007년부터 그간 나영석 최재형 이세희 또 유호준 PD는 어떤 〈1박 2일〉을 보여줄까 〈1박 2일〉에 빠져들다 보면 아름다운 지역도 힘이 나고 이끼 낀 감정도 어느새 없어진다 그렇게 어디 가나 사람을 만나주고 웃음을 주는 〈1박 2일〉은 우리 삶 속에 늘 푸르른 시처럼 〈1박 2일〉도 시청자 삶 속에 힘찬 즐거운 숲이 된다 우리의 늘 즐거운 친한 친구 한국 최고의 예능 〈1박 2일〉이다!

나이

하늘의 구름색이 어제와 오늘과 다릅니다
그렇다 할지라도 하늘엔 언제나 구름이 있습니다
없다가도 어디선가 구름이 만들어져 나타납니다
하늘과 구름은 언제나 짝입니다
마치 뗄 수 없는 친밀한 친구인 것 같습니다
사람과 나이는
하늘의 구름처럼 늘 사람의 살빛 속에 숨어서
없는 것 같다가도 보이지 않게 나타납니다
어느 날은 부끄럽게 닭처럼 나타나 울어댑니다
어머니가 나이가 많지만 자식은 아직도 먼 줄 압니다
그러나 어느새 중년이 되어가고 노년이 되어가고
어머니를 닮아갑니다
아버지를 닮아갑니다
사람과 나이는
마치 뗄 수 없는 하늘과 구름처럼
마치 도망갈 수 없는 친밀한 친구인 양
따라다닙니다 그대 나이는

사람이여

어렸을 적엔 17살 꽃나이가 뭔지 몰랐다
나뭇잎이 파랗게 진해지는 것을 모르는 것처럼
또 한 해 꽃이 피고 큰 나무에 사과가 몇 해 열릴 때 쯤엔
나이가 중년이 되었다 새파란 숲에 살아도 주름은 늘고
꽃을 키워도 늙어가는 것처럼 먼저 핀 꽃은
먼저 시들어간다
사람이여
먼저 꽃을 피웠으니 청년을 부러워하지 말아요
청년도 어린이보다 먼저 가고 있으니까요
아무리 달려도 달과 해가 거리를 지키듯
아무리 달려도 낮은 별을 만날 수 없듯
항상 인생은 거리를 지키며 꽃을 피우나니
사람이여 핀 꽃을 좋아하세요
내 핀 꽃을 좋아하세요
지금의 내 모습에
눈 맞추세요!

기회는 가는 것

잠실역 지하철 북적대는 어둔 구석자리 문 옆에서 웅크리고 앉아 상추 고추 마늘 한 움큼씩 모아놓고 사주기를 기다리는 백발의 조그마한 할머니 나는 급히 지나가면서 저것이 모두 얼마나 될까 약속 때문에 가버리면서도 지워지지 않았다 사람의 긴 인생을 펼쳐놓고 볼 때 누구에게나 저토록 초라하고 아픈 절박한 순간이 있었을 것이다 누구나 태어났으니 누구나 기어이 중년이 되고 노년이 되리 돌아오면서 그 할머니는 보이지 않았다 다 팔았을까 다음날 다시 가보았으나 또 보이지 않았다 나는 왜 잠시 멈춰서 얼마라도 드리지 못했을까 왜 멈춰 서지 못했을까 가슴이 미어진다 지하철 그 자리를 지날 때마다 가슴에 아픔 한 점이 살아서 굴러다닌다 후회가 굴러다닌다 할머니도 가고 그 곁을 지나는 사람마다 다 가고 나도 가고 우린 어느 날 모두가 다 지나갈 것이다 같이했던 내 부모도 형제도 친구도 다 지나갈 것이다 그 백발의 할머니처럼 안 보일 것이다 인생은 기다려도 원해도 안 보이는 때가 온다 그래서 보일 때가 모두 기회가 된다 기회만 한 가치는 없다

봄향

상큼한 봄향을 아시나요?
봄향은 오이처럼 씹을수록 싱그럽지요
케케묵은 겨울의 언 땅을 부수고 올라온 힘
파란 싹들 오이보다 더 진한 향기입니다
파란 싹 새파란 싹 봄의 진액처럼 짜릿합니다
세상이 그리워하는 향입니다 그 빛 그리운 파란 봄향
그래서 봄향은 더욱 사랑을 그리워하는 독향입니다
이 케케묵은 지루한 겨울이 가면
야생초들이 파란 독향을 쏘러 올 것입니다
기다리는 자의 눈 끝에 먼저 옵니다
우라 피부 가까이서 벚꽃 향을 뿌리고
노란 개나리의 키를 밤새 잡아당길 것입니다
그새 파란 싹 봄향이 새벽 안개처럼 살살
고양이처럼 살살 새어들고 있습니다
점점

산다는 것은 창조자의 것

산다는 것은
밝은 해가 오고 어둔 달이 가는 것처럼
태어나고 살다 죽음으로 가는 것

풀이 말라 사라지고 또
바람이 여전히 불고 비가 오는 것처럼
또 꽃 피고 눈이 오는 것처럼
산 동안 약한 인생들은 울지 않고 넘어지지 않게
창조자를 의지하다
즐거워하며 또 괴로워하며 행복해 하며
밝은 해처럼 어둔 달처럼 사는 것
그렇게 사는 것 반복되는 것
그리고
이 세상 육신으로 떠나는 죽음 앞에서
창조자께 산 동안을 결산하며
천국이든 지옥이든 심판 받는 것

사람이 하는 것이 아니고 사람의 코에 생기를 넣어
만든 창조자가 정한대로 만물이 반복되는 것

그렇게 또 새날이 오리니
창조자가 정한대로 오는 것
가는 것
되는
것

3 · 1 독립선언문

우리 조선은 이에 우리 조선이 독립한 나라임과
조선 사람이 자주적인 민족임을 선언하노라, 이로써
세계 모든 나라에 알려 인류가 평등하다는 큰 뜻을
똑똑히 밝히며, 이로써 자손만대에 일러, 민족의 독자적
생존의 정당한 권리를 영원히 누리도록 하노라!

애국가

동해물과 백두산이 마르고 닳도록 하나님이 보우하사
우리나라 만세 무궁화 삼천리 화려 강산 대한 사람
대한으로 길이 보존하세!

주기도문

하늘에 계신 우리 아버지여 이름이 거룩히 여김을 받으시오며 나라가 임하시오며 뜻이 하늘에서 이루어진 것 같이 땅에서도 이루어지이다 오늘 우리에게 일용할 양식을 주시옵고 우리가 우리에게 죄 지은 자를 사하여 준 것 같이 우리 죄를 사하여 주시옵고 우리를 시험에 들게 하지 마시옵고 다만 악에서 구하시옵소서 나라와 권세와 영광이 아버지께 영원히 있사옵나이다 아멘

문학세계대표작가선 704

길꽃 남자

유윤이 시집

인쇄 1판 1쇄 2014년 1월 3일
발행 1판 1쇄 2014년 1월 10일

지 은 이 : 유윤이
펴 낸 이 : 金天雨
펴 낸 곳 : 도서출판 天雨
등 록 : 1992. 2. 15. 제1-1307호
주 소 : 서울시 성동구 무학봉28길 6 금용빌딩 2F(하왕십리동 966-23)
전 화 : 02)2298-7661
팩 스 : 02)2298-7665
http://www.moonhaknet.com
E-mail : chunwo@hanmail.net

값 8,000원

ISBN 978-89-7954-555-5